착한 기부, 나쁜 기부

인도주의의 눈으로 바라본

착한 기부, 나쁜 기부

1판 1쇄 인쇄 2017년 7월 3일

1판 1쇄 발행 2017년 7월 7일

지은이   신상문

펴낸이   이형진

펴낸곳   도서출판 아르케

출판등록 1999년 2월 25일 제2-2759호

주소   강원도 홍천군 내촌면 와야리 300-4

대표전화 (02)336-4784~6 | 팩스 (02)6442-5295

E-Mail   arche21@gmail.com | Homepage www.arche.co.kr

값 18,000원

ⓒ 신상문, 2017

ISBN 978-89-5803-154-3   03330

인도주의의 눈으로 바라본

착한 기부
나쁜 기부

신상문 지음

아르케

■ 들어가며

 이 책은 제대로 기부를 하고 싶은 사람이나 기부를 하고는 있는데 제대로 기부를 하고 있는지 궁금한 사람들을 위해 쓰게 되었다. 종교적 목적으로 기부를 하거나 정치적인 목적으로 기부하는 사람에게는 도움이 되지 못할 것이다. 그러나 NGO에서 활동하고 싶어 하는 사람이나 관심이 있는 사람에게는 NGO와 인도주의에 대한 이해를 넓히는 데 도움이 될 것이다.
 처음 이 책을 기획한 것은 2012년에 메디피스와 옥스퍼드대학교 웰컴연구소가 공동으로 개최했던 대한민국 인도주의 페스티벌 직후였다. 그 행사에서 인도주의에 대한 참으로 많은 주제가 다뤄졌고, 필자는 이를 통해 많은 상상력을 키울 수 있었다. 당시 나에게 주어진 화두는 인도주의와 모금이었다. 이 분리된 두 가지 주제가 하나로 묶여졌고, 기부자와 활동가가 동일한 선상에서 좀 더 훌륭한 연대를 할 수 있을 것이라는 기대가 생겼다.
 필자가 2009년 메디피스를 설립하는 과정에서 당연히 고민해야 했던 것은 '무엇을 할 것인가'와 그것을 위해서 필요한 것을 '어떻게 만들 것인가'였다. 구체적으로 '무엇을 할 것인가'에 동의하는 사람들의 기부를 어떻게 이끌어낼 것인지에 대한 고민이었다. 사실 활동가 출신이 새로운 단체를 만드는 것은 쉬운 일이 아니다. 든든한 독지가가 있는 것도 아니고, 외부에 지지해줄 그룹이 따로 있는 것도 아니어서, 그야말로 모든 것을 새롭게 만들어야 할 상황이었다. 가장 난관에 부딪힌 것은 당장 조직을 운영할 비용을 확보하는 것이었다. 후원자가 많지 않았기 때문에, 적절한 사업을 수행하기 어려운 상황이었다. 빠른 시일 내에 많은 후원자를 찾아 나서야 했지만, 신생 NGO를 신뢰할 수 있는 사람은 많지 않았다. 그 무렵 메디피스 내에서 일대일아동결연을 해야 한다는 목소리가 커졌다. 시민들이 원하는 기부는 바로 일대일아동결연이라는 이유였다.

메디피스 설립 당시, 모금에 있어서 내세웠던 몇 가지 원칙이 있었다. 우선 특정 프로젝트를 위한 개인 후원자 모집은 하지 않는다는 것이다. 만약 특정 프로젝트를 위해서 기부를 요청했다면 그 기부금은 그 프로젝트에만 써야 한다. 사실상 이것은 지킬 수 없는 약속이다. 기부금은 필요한 곳에 써야 하는 것이지 약속한 곳에 쓰는 것이 아니기 때문이다. 필요는 언제든지 변할 수 있다. 기부자를 대신해서 활동해야 하는 활동가는 항상 유연해야 함과 동시에 원칙적이어야 한다. 그래서 메디피스의 후원약정서에는 프로젝트가 명시되어 있지 않다.

두 번째는 기부로 인한 결과를 명확하게 해야 한다는 것이다. 단순히 온정이나 측은지심에 의존하지 않고 어떻게 일을 하고, 어떤 관점에서 접근하는지를 밝혀줘야 기부자와의 연대가 강화될 수 있기 때문이다. 사실 이건 매우 쉽지 않은 일이고 솔직히 아직까지 필자가 몸담고 있는 메디피스도 충분하다고 생각되지 않는다. 빠른 시일 내에 달성하고 싶은 목표이긴 하지만, 이것 역시 많은 역량과 시간 그리고 비용이 들 것이다. 그래서 연구소도 설립하고 사업관리팀, 성과관리팀, 회계관리팀을 별도로 꾸려서 노력하고 있다.

세 번째는 모금에 프로젝트를 맞추지는 않겠다는 것이었다. 프로젝트에 필요한 모금을 해야 하는 것이지, 모금을 위해 프로젝트를 만들지는 말자는 것이다. 이것은 주객이 전도된 꼴이기 때문이다. 돈을 쫓지 말고 돈이 쫓아오게 해야 한다.

이제 우리 사회는 기부를 하는 사회가 되었고, 또 그렇게 되어야 한다. 그렇다면 좋은 기부, 효과적인 기부는 무엇일까. 이 책을 쓰게 된 가장 근본적인 이유가 여기에 있다. 우리나라는 아직까지도 OECD 국가 중에서 사회적 자본 — 공동체내 개인 간 협력을 이끌어 내는 신뢰, 규범, 연결망(네트워크) 등의 무형 자산 — 이 가장 취약한 나라 중 하나로 꼽히고 있다. 하지만 국가채무사태를 막기 위해 발 벗고 나섰던 국채보상운동이나 금모으기운동의 전력을 가지고 있다. 또한 국가 경제력의 발전과 더불어 선진적인 문화를 만들기 위해 노력하고 있는 우리나라이기에, 기부에 대한 국민들의 생각도 더 나은 방향으로 바뀌어 나갈 것이다. 그러나 아직까지는 기부가 어떤 의미이고, 올바른 기부가 무엇인지에 대해 성찰할 시간을 충분히 갖지는 못했다.

기부는 변화를 이끌어내는 원동력이다. 우리나라의 기부문화가 직면한 문제는 기부 규모의 증대뿐만 아니라 기부를 통해 어떤 변화를 이끌어낼 것인가 하는 문제이다. 기부는 단순히 주는 행위에서 그치는 것이 아니라, 기부자-대리 기관-수혜자로 이어지는 일련의 기부 전달 과정과 그로 인해 나타나는 기부의 결과까지를 총칭하는 것이다. 기부는 그 자체로서 선한 것이 아니라 그 결과에 따라 그 가치가 달라지기도 한다. 혹자는 기부의 결과에는 책임이 따른다는 말에, 기부자에게 너무 과도한 의무를 씌우려는 것이 아닌가 하는 비판을 하기도 한다. 하지만 기부의 가치를 높임으로써 더 좋은, 더 착한 기부가 되도록 노력하는 것은 기부자로서 응당 해야 할 일이다. 왜냐 하면 소중한 기부금이 헛되이 쓰이는 것은 어떤 기부자도 원하지 않을 것이기 때문이다.

  이 책에서는 이러한 좋은 기부로 다가설 수 있도록, 기부의 과정과 기부의 결과를 분석하기 위한 몇 가지 도구를 활용하려 한다. 우선 기부 동기와 기부 효과라는 도구이다. 기부를 하려고 하는 사람의 마음은 기부 동기다. 나의 것을 내려놓아 남에게 흐르게 하려는 마음이 왜 생겼는가에 대한 대답이 기부 동기다. 이러한 기부 동기는 사람마다 다양하고, 사람에 따라서는 특정 목적의식을 가지고 기부를 이용하기도 할 것이다. 기부 효과는 기부자의 기부가 수혜자에게 닿기까지의 일련의 과정을 통해 나타난 결과를 말한다. 기부 효과가 선한 결과를 가져올 것이라고 대부분의 기부자는 생각한다. 하지만 사실은 그렇지 않을 수 있다. 그리고 직접 수혜자와 접촉하는 것은 대리 기관이기 때문에, 기부 효과는 기부자에게 가려지거나 희미하게 전달될 수 있다. 가려지거나 희미하게 전달되는 것은 대체로 대리 기관이 의도해서가 아니라, 기부 효과를 측정하는 것이 매우 어렵고, 또 누구의 기부가 특정한 효과를 냈는지를 밝히기가 어렵기 때문이다.

  또 하나의 도구는 대리 기관이다. 기부자가 자신의 기부금을 누군가에게 맡겨서 대신 기부 효과를 가져오고자 할 때, 그 맡기는 대상을 일컬어 대리 기관이라고 한다. 대리 기관은 정부가 될 수도 있고, 국제기구가 될 수도 있으며, NGO나 기타 기관이 될 수도 있다. 대리 기관은 저마다의 특성을 가지고 있으며, 추구하는 가치도 다양하다. 기부자의 기부 행위는 일종의 대리 기관과의 파트너십을 통해 기부 효과를 기대하는 것이다. 그리고 대리 기관은 대체로 최종적인 수혜자와 직접 관계를 맺게 된다. 사실상 이 과정에서 기부 효과는 결정된다고 볼 수 있다. 그렇기 때문에 좋은 기부는 기부자가 어떤 대리 기관을 선택하느냐에 따라 결정적인 영향을 받는다. 물론 대리 기관 없이 직접 수행할 수도 있다.

이 세 가지 도구의 상관관계는 복잡하게 연결되지만, 자선(charity)과 인도주의(humanitarianism)라는 프리즘을 통해서 바라볼 것이다. 자선과 인도주의는 그 본래의 특성에 의해 서로 다른 기부 결과를 낳을 가능성이 있기 때문이다.

이 책이 예정했던 것보다 늦게 나오게 된 것에 대해서 미안함을 전할 사람들이 있다. 2013년 짧지 않은 기간 동안 인도주의와 모금 실태에 대해 많은 자료들을 함께 리뷰하고, 필요한 자료들을 수집하고 정리하느라 헌신했던 김소정 님에게 미안함과 고마움을 전한다. 그리고 늦게나마 이 책이 출간될 수 있도록 헌신적으로 원고를 정리하고 마지막까지 교정에 힘을 써준 정치연 님과 조언을 아끼지 않은 메디피스 사무국의 활동가들에게도 고마움을 전한다. 마지막으로 전반적인 방향과 구체적인 내용까지 꼼꼼하게 챙겨주어서 이 책을 세상에 내보내게 해준 아르케에게 감사드린다.

■ 목차

들어가며 5

Ⅰ 한국의 기부   13

01 한국의 기부 역사
국채보상운동과 금모으기운동 ································ 15
우리나라의 현대적인 기부의 역사 ··························· 17
북한 식량난 ·· 19
재외동포 인식과 지구촌 시민 의식의 형성 ················ 21
수원국에서 공여국으로 ·· 23
국제 NGO의 국내 모금에 대한 관심 증대와 한국 진출 ··········· 25
민간자원을 활용한 복지재정의 확대: 나눔기본법 ········ 29
한국기부 역사의 교훈 ·· 31

02 한국의 기부 특징
정부주도 모금과 '꼬마 NGO' ································· 33
일대일아동결연 ·· 36
국제 NGO의 철수와 생태계의 변화 ························· 41

Ⅱ 기부란 무엇인가   45

03 왜 기부를 하는가
기부의 정의 ·· 47
기부충동 ·· 50

기부목적 ·· 53
일곱 가지 얼굴 ·· 58

04 순수한 기부란 무엇인가

기부의 순수성 ·· 63
기부 의도의 순수성 ·· 66
기부 결과의 순수성 ·· 71

05 순수하지 않은 기부란 무엇인가

키다리 아저씨 기부문화 ·· 79
왜곡된 기부 의도 ·· 84
우월감에서 비롯된 기부 ·· 87
윤리학적 측면에서의 한계 ·· 91
순수해야 하는 기부 ·· 93

III 나쁜 기부란   97

06 기부 책임이란 무엇인가

기부자는 그저 선의의 피해자일 뿐인가 ···························· 99
기부로 인한 왕따: 우산 걷어내기 ······································ 103
기부와 영화티켓 구입 ·· 108
피곤한 기부 ·· 111
의도하지 않은 결과 ·· 114
연해주 틀니 사건 ·· 116

07 위험한 기부란 무엇인가

일대일아동결연 ·· 121
고액기부자의 이름표 붙이기 ·· 138
활동가의 착각: 전달자? 기부자? ·· 151

08 실패한 기부란 무엇인가

기부 의도와 기부 결과의 불일치: 수혜자의 도덕적 해이 ········ 155
기부 목적과 기부 결과의 불일치 ································· 157

IV 착한 기부를 위하여   161

09 인도주의적 시각

인도주의의 개념 ··· 163
인도주의의 역사 ··· 174
인도주의 원칙 ·· 183

10 인도주의적 기부를 위하여

타자에 대한 시선: 문명화의 사명을 거두기 ····················· 189
공감: 나도 같을 수 있음을 확인하기 ····························· 194
자력화: 나쁜 의료봉사 ··· 197
동정심의 문제 ·· 204
나보다 불행하다는 생각 ·· 205

11 인도주의적 기부를 위한 가이드라인

인도주의와 기부 책임 ·· 215
인도주의적 기부의 원칙 ·· 217

12 좋은 기부 대리 기관 찾기

대리 기관의 종류와 역할 ··· 221
활동가 ··· 223
좋은 기부 대리 기관이란 ·· 227

나가며 ··· 237
미주 ··· 241

I

한국의 기부

01
한국의 기부 역사

국채보상운동과 금모으기운동

1904년에 시작된 일본의 고문(顧問)정치는 우리 경제를 파탄에 빠뜨렸다. 일본은 한국에 체류하는 자국민들의 편의를 위해서 도로와 각종 현대 시설을 건립하였고, 한국의 근대화를 위한다는 명분으로 이에 대한 모든 비용을 우리 정부가 부담하도록 강요했다. 결국 1907년 대한제국이 짊어진 외채는 총 1,300만 원이 되었다. 이 규모는 사실상 상환이 불가능한 금액이었고, 이를 갚기 위해 전 국민이 주권수호 차원에서 전개한 모금 캠페인이 국채보상운동이다.

주로 부인들이 나서서 반지를 빼고 비녀를 뽑아서 나라 빚을 갚고자 했고, 심지어 일본에 유학 중인 유학생들도 참여할 정도였다. 당시 남자들은 술과 담배를 끊고 그 돈을 성금으로 냈고, 여성들은 밥을 줄이고 반찬값을 아껴 돈을 모았다. 그러나 일본은 국채보상기성회의 간사인 양기탁에게 보상금 횡령이라는 누명을 씌어 구속하고, 친일 단체인 일진회를 동원하여 온갖 방해를 일삼았다. 결국 나라를 빚 때문에 망하게 할 수는 없다는 국채보상운동은 좌절되었다.

그로부터 90년 후, 이와 유사한 캠페인이 다시 일어났다. 1997년 12월, 한국은 미셸 캉드쉬 국제통화기금(IMF) 총재와 긴급경제구제자금 합의서에 서명했다. 이를 지켜보던 국민들은 눈물을 흘렸고, 고통의 시기를 받아들였다. 주식시장은 폭락하고 환율은 손을 댈 수 있는 상황이 아니었다. 한보철강, 대우, 기아자동차가 무너졌다.

이 무렵 나라가 망해가고 있는 마당에 아기 돌반지를 장롱에 넣어둬서 뭐하겠냐는 생각으로 금이라도 팔아 나랏빚을 갚자는 캠페인이 벌어졌다. 1997년 금모으기운동이다. 운동선수들은 금메달을 내놓았고, 김수환 추기경은 추기경 취임 때 받은 십자가를 내놓았다. 전국에서 약 351만 명이 약 227톤의 금을 모았고, 모인 금을 모두 팔면 약 21억 3,000달러가 될 정도로 엄청난 캠페인이었다. 당시 한국이 가지고 있던 외환부채가 약 304억 달러였다. 전 세계 외환위기 극복 역사에 있어서 모범 사례가 되었던 이 거사 덕분에, 한국은 약 3년 8개월 만에 IMF 자금 전액을 조기 상환하면서 IMF 관리 체계에서 벗어났다. 한국은 울고 세계는 감동했다.

부모가 빚이 있으면 자식이 감당하고, 나라에 빚이 있으면 국민이 갚아야 한다는 생각으로, 국민들은 나라가 힘들 때 기부를 통해 희생했고, 나라에 힘을 보태주었다. 기부의 힘이 얼마나 큰지를 보여주는 사건들이었다.

우리나라의 현대적인 기부의 역사

일반적으로 우리나라에 현대적 의미의 기부는 근대사상과 기독교 보급 시기를 그 도입의 시기로 보고 있다. 즉 구한말과 20세기 초라고 할 수 있다. 그러나 본격적인 기부 행위는 해방과 한국전쟁의 과정을 거치는 가운데 형성되었다고 본다.

우리나라의 사회복지관련 민간모금운동은 1925년 대홍수 때 동아일보사와 조선일보사가 수재민을 돕기 위해 실시한 모금활동에서 비롯되었다고 한다.[1] 그 후 적십자회비모금, 대한결핵협회모금, 재해의연금모금 등이 전개되었으나 대부분 일시적인 재난을 극복하거나 특정 기관이나 사업을 지원하기 위한 성격을 띠고 있었다.

특히 6.25전쟁 직후부터 활발한 사업을 전개해오던 외국 원조기관들이 1970년을 전후하여 지원을 줄이거나 철수하려는 움직임이 있었다. 이에 재정적인 어려움을 겪는 사회복지기관들이 자생적인 노력을 통한 모금활동의 필요성을 느끼게 되었다. 그뿐 아니라, 정부 또한 공공의 복지에 대한 책임을 보충하는 수단으로서 민간으로부터의 모금에 관심을 가지게 되었다.

한편 사회복지시설 및 기관에서 실시하던 가장 보편적인 모금활동 중 한 가지는 결연후원사업으로, 한국전쟁 이후 전쟁고아나 미망인 자녀들을 돕기 위하여 시작되었다. 이는 오늘에 이르기까지 불우아동, 무의탁노인 및 장애인으로 그 대상 영역을 확대하여 가장 일반적인 모금원으로 자리 잡게 되었다.

한국전쟁을 전후하여 기부요청행위가 무질서한 시기에, 국민의 재산권 보호와 복지시설의 통제강화라는 목적으로 발효된 기부금품모집금지법(1951년)과 사회부장관훈령 '후생시설운영요령'(1952

년)은 우리나라의 민간모금활동에 영향을 주었다.

기부금품모집금지법은 후에 기부금품모집규제법으로 변경되었고 민간기금모금은 허가제를 채택했다. 이 법은 정부로부터 허가받지 않은 민간의 모든 모금행위를 불법으로 여겨 규제했기 때문에 일부 외국 원조기관, 정부 및 지방자치단체만이 합법적인 모금 주체로 활동할 수 있었다. 따라서 재해모금 같은 긴급을 요하는 경우 이외에는 모금활동이 활발하게 전개되지 못하였고, 외국 원조기관을 통해 모금된 돈이 국내의 사회사업기관을 통해 지원되는 경우가 보편적이었다. 때로는 외국에 나가 모금활동을 하기도 하였는데 이와 같은 형태의 모금은 매우 제한적이었고 체계적인 공동모금으로 발전하지는 못하였다.

1970년대에 이르면서 우리나라의 경제발전과 더불어 외국원조가 사라지는 과정에서 정부와 민간 모두 그 동안 수행하던 사업의 지속을 위해 민간자원을 동원해야 할 필요성을 느끼게 되었다. 그래서 당시 법제화된 사회복지사업법에 근거해 민간주도의 공동모금이 1972년 실시되었다. 그러나 석유파동 등 경제적 불황과 사회적 여건의 미성숙 그리고 사회복지계의 지도력부족 등으로 지속되지 못하였다.

그 후 관 주도의 범 국민적인 불우이웃돕기운동이 전개되고 차차 전국 규모의 개별 모금기관들이 성장하면서 모금활동을 주도했다. 그러나 민간중심 공동모금제의 도입 필요성이 지속적으로 제기되었다. 제도 도입과정에서 시행착오를 거친 끝에 마침내 90년대 후반에 사회복지공동모금회가 발족되어 활동을 전개해나가고 있다. 사회복지공동모금회는 기존의 모금단체들과 경쟁 및 협조체제를 유지해나가면서 우리나라의 모금운동의 역사를 만들어나가고 있다.

법과 제도적인 측면에서 기부의 역사를 3기로 나누기도 한다.[2] 1기인 1951년부터 1995년까지는 규제기로 전쟁 직후 구호단체의 난립을 방지하고 허가받지 않은 기부금품 모집을 엄격하게 금지하고자 하였다. 국민의 재산권과 생활안정을 보장하고 건전한 사회질서를 확립하려는 의도였다. 해당 법률로는 '기부금품모집금지법'이 있다.

1996년부터 2007년에 이르는 제2기는 발아기로 기부금품의 무분별한 모집을 규제하고 기부금품 모집 및 사용에 대한 투명성을 확보하고자 했다. 이는 규제적 성격이 강하여 기부 활성화에 한계가 있었다. 관련 법률로는 '기부금품모집규제법'이 있다.

제3기는 2007년 5월 이후이며 발전기로 성숙한 기부문화의 조성과 건전한 기부금품 모집제도를 정착하고자 한다. 이는 기부금의 모집을 장려하되 사용에 대한 사후관리를 강화하려는 것이며, 관련 법률로는 '기부금품의 모집 및 사용에 관한 법률'이 있다.

북한 식량난

1990년대에서 2000년대로 건너가는 시점에서, 기부는 국내 문제뿐만 아니라 국제적인 영역으로 확대되었다. IMF의 찬바람이 우리 사회를 휩쓸고 있을 무렵, 우리에게 또 하나의 충격적인 일이 벌어졌다. 북한의 기아(飢餓)사태다. 자급자족이 불가능한 지형을 가진 북한은 소련 붕괴 이후 밀 수입이 끊기고 이상저온 현상이 반복되면서 1990년대 초에 엄청난 식량부족에 시달렸다. 길거리에 개가 죽으면 서로 가져가려 했지만, 사람이 쓰러져 있으면 거들떠보지도 않았다. 1994년과 1995년 2년 동안 350만 명이 아사했다. 북한은 결국 외부의 도움을 받아들이기 시작했다. 그러나 1995년과 1996년에 큰 홍수가 있었고, 1998년에 심한 가뭄이 들어 상황은 더욱 심각해졌다. 한국에서는 600여 명의 사회지도층이 모여 옥수수죽으로 저녁식사를 하는 북한 상황에 대한 체험을 하였고, 이를 통해 그동안의 다양한 입장 차이를 뒤로 하고 북한 동포를 돕는 데 의견을 모으게 되었다. 통일운동의 차원보다는 인도적 지원의 차원에서 접근하기 시작한 것이다.

고 현대그룹 정주영 회장은 소 1,000마리를 몰고 민간인으로서는 처음으로 판문점을 통과하였다. 이러한 북한 돕기 운동은 우리나라가 본격적으로 나라밖 사람들을 위해 지갑을 열기 시작한 계기가 되었다. 물론 북한은 같은 동포라는 특수성을 가지고 있지만, 기부를 통해 나라밖 문제에 대해 접근하는 체험을 하게 된 것이다. 정부도 일련의 인도적 지원 프로그램을 가동하였고, 북한 인도적 지원 NGO들이 속속 등장하였다. 이들의 활동은 기부를 유치하고 이를 적절하게 전달하는 역할을 하는 것이었다. 북한 인도적 지원의 대리 기관이 나타난 것이다.

대표적인 대리 기관은 우리민족서로돕기운동이다. 우리민족서로돕기운동은 북한의 극심한 식량난이 외부세계에 알려진 후, 북한의 긴급지원 호소에 대응하여, 천주교, 기독교, 불교계 등 6대 종단과 시민사회단체들이 참여하여 만들어진 국민운동조직이다. 1996년에 창립하였고 1998년에 사단법인 인가를 받았다. 1997년부터 대북 지원 식량에 대한 지정기탁 창구를 개설하여 운영하기 시작하였다.

재외동포 인식과 지구촌 시민 의식의 형성

우리민족서로돕기운동은 북한 주민뿐만 아니라 냉전으로 인해 단절되었던 동북아시아 지역의 동포 문제들을 동시에 다루었다. 한러수교와 한중수교를 통해 시민사회는 북방에 대한 관심을 키웠고 북방과 교류하기 시작했다. 이러한 교류를 통해 미처 알지 못했던 동포사회의 문제점을 알게 되었고, 특히 두만강을 중심으로 하여 탈북, 조선족 초청 사기, 연해주 고려인 난민화의 심각성을 알게 되었다.

북한 주민들은 식량난을 피해 조선족의 도움을 받기 위해 목숨을 걸고 두만강을 건넜다. 영양실조로 결핵에 시달리면서 산 속에 숨어 사는가 하면 월경(越境) 과정에서 부모를 잃은 아이들은 거리를 헤매고 동냥하며 끼니를 때웠다. 어린 여자 아이는 팔려갔고, 한족에게 팔려온 아녀자는 아이를 남겨둔 채 공안에 잡혀 북송 당하기 일쑤였다. 조선족의 처지도 좋지가 않았다. 일 년에 수십 명이 자살하거나 맞아죽는 일이 생길 정도로 심각한, 조선족 초청 사기 사건이 발생한 것이다. 모국에서 돈을 벌기 위해서 한국 입국을 시도하다 한국인 브로커에게 사기를 당하는 일이 수도 없이 벌어졌다. 한국 입국 비용은 한 가족이 단 한 푼도 쓰지 않고 평생을 벌어도 모을 수 없는 돈이었다. 당연히 친척과 지인에게 돈을 빌렸고, 중국을 떠나지 못하게 되자 빚더미에 나앉게 된 것이다.

이러한 민족의 비극은 러시아 연해주 땅에서도 벌어졌다. 1937년 스탈린에 의해서 중앙아시아로 강제로 이주 당했던 고려인의 후손들이 구소련이 해체되면서, 중앙아시아의 민족 차별 정책을

냉전 이후 한반도는 닫힌 경계가 열리면서 그동안 쌓여있던 동북아시아 한민족 간의 갈등 요소가 한꺼번에 쏟아져 나오게 되었다. 이를 통해 우리는 경계 밖의 사람들과의 관계에 눈을 뜨게 되는 계기를 맞이하게 되었다. 중국 조선족 사기피해에 대한 한국 정부의 대응에 항의하는 조선족. (우리민족서로돕기운동 촬영)

못 이겨 다시 옛 고향으로 돌아오고 있었던 것이다. 고려인 난민이다. 초기 고려인들의 연해주 정착 과정은 시베리아의 살인적 추위를 이겨내야 하는 그야말로 살을 에는 고통의 시간이었다. 정착촌에는 전기와 수도가 없었고 떨어져 나간 창문을 통해 칼바람이 몰아쳤다. 연해주에만 4만 명의 고려인이 이렇게 재이주해 왔다.

이 모든 일들은 두만강을 사이에 두고 벌어진 일들이다. 30대를 이 두만강의 슬픔과 함께 살았던 필자는, 경계가 가져다주는 고통과 슬픔이 한 인간의 인생에 얼마나 엄청난 충격으로 다가오는지를 몸서리치게 깨달을 수 있었다. 이렇게 경계 밖의 사람들이었던 조선족, 고려인, 탈북자 그리고 재일조선인까지 냉전의 종식과 더불어 해일처럼 우리 사회 안으로 들어왔다. 우리민족서로돕기운동은 재외동포센터를 두고 이러한 문제를 본격적으로 다루기 시작했고, 재외동포센터는 이후 2003년에 동북아평화연대라는 독자

착한 기부, 나쁜 기부

적인 법인체를 설립하게 되었다.

이 시기는 민주화 이후의 민주주의를 위한 우리 사회의 노력과 더불어 동북아시아의 새로운 질서 재편에 따른 '우리' 영역의 문화적, 정서적, 경제적 확장에 따른 준비가 필요한 시점이었다. 또한 한국의 국민들은 상대적 우위를 경험하게 되고, 상대적인 우위에서의 역할을 찾는 데 힘들어하거나 즐기기도 하였다. 미국 불법체류라든가 파독 간호사와 광부, 일본 내 불법취업의 경험을 여전히 기억하고 있던 우리 사회의 급속한 변화는 충분히 당황스러운 상황이었다. 특히 조선족의 유입에 따른 노동시장 교란이라는 입장과 상대적 약자인 동북아시아 동포들에 대한 배려와 동행이라는 입장은 일부 충돌하기도 하였다.

어찌되었던 냉전의 종식과 동북아시아의 재편은 새로운 국제적 교류와 영역의 확장을 낳게 되었고, 경제적으로 상대적 우위에 있는 우리 사회는 지원을 해야 하는 입장이 되었다. 그동안 국내 문제에 집중해왔던 우리 사회는 더 이상 이 영역의 확장으로부터 자유로울 수 없게 되었다. 이러한 배경에서 시민들은 국내에서 점차적으로 국외까지 관심을 확장해야 했고, 참여의 방식은 주로 기부를 통해서 이루어졌다. 기부가 본격적으로 시민 참여의 핵심적인 수단이 되기 시작한 것이다.

수원국에서 공여국으로

냉전의 종식과 더불어 활발해진 국제교류는 여러 가지 이유로 청년들에게도 영향을 미쳤다. 해외 배낭여행을 경험하는 청년이 늘어나고 해외 단기 취업이나 어학연수, 유학이 급속도로 늘어났다. 한국의 경계를 넘으려는 이러한 시도들은 바람의 딸 '한비야 신드롬'을 만들어냈다. 그는 2005년에 의미심장하고 무시무시한 제목의 책을 발간했는데, 그 제목이 "지도 밖으로 행군하라"이다.

식민 지배와 개발의 경험 속에서 성장한 유럽의 청년들처럼, 뜻밖에 한국의 청년들에게도 민주주의나 통일문제보다 세계 불평등에 따른 빈곤 등의 문제가 더 큰 화두가 된 듯했다. 나라밖 문제에 관심이 커졌다는 것은 이웃의 범위가 확대되었다는 것을 뜻한다. 청년들은 더 이상 '우리 사회에도 어려운 이웃이 많은데, 왜 해외를 돕느냐'는 태도는 구태(舊態)로 받아들이게 되었다.

동시에 정부의 변화도 나타났다. 한국의 원조사업을 전담하는 한국국제협력단(KOICA)의 설립이 1991년 4월에 이루어졌고 일부 부처에서 산발적으로 진행하던 국제협력 사업을 전담하게 되었다. 그동안 경제 원조를 받아오던 것이 점차 주는 원조로 전환해가고 있었기 때문이다.

1990년대에 ODA(공적개발원조)는 본격적으로 확대되어 연평균 20% 이상의 빠른 성장을 하였고, 1996년 OECD가입으로 원조의 필요성은 더욱 높아졌다. 이후 2009년 OECD 공여국 모임인 DAC (Development Assistance Committee) 가입이 결정되고 2010년 1월 1일부터 정식 회원으로 활동하게 되었다.

DAC 가입은 세계역사상 유일하게 최빈국에서 공여국으로 전환한 국가가 되었다는 의미가 있다. 또한 국제 원조사회의 규범과 기준에 부합하도록 원조 정책 및 사업 집행 체계를 정비해야 하고, 타 공여국과의 원조 정책 협의 과정에도 적극 참여해야 했다. 특히 원조의 규모를 일정 기준 이상 높여야 하는 책임도 안게 되었다.

이러한 변화의 와중에 해외 원조에 대한 NGO 지원 사업도 점차 이루어졌고, 이에 참여하는 NGO의 수도 증가하였다. 1995년부터 실시한 NGO에 대한 지원의 규모는 제한적이었지만 해외 원조 사업의 확장이 예상되는 가운데 이른바 국제활동 NGO의 등장은 급속도로 가속화되었다. 주로 종교에 기반을 둔 NGO들이 문을 열기 시작하였고, 이에 따라 모금활동도 급속도로 증가하였다.

국제 NGO의 국내 모금에 대한 관심 증대와 한국 진출

시민들의 자발적인 의지에 의해 구성되는 시민사회단체는 다양한 목표를 가지고 우리 사회에 필요한 공공적 가치를 실현시키는 것을 과제로 안고 있다. 1990년대를 겪으면서 시민사회가 인식하는 공공적 가치는 국내에서 해외까지 본격적으로 확대되기 시작하였고, 국내외적인 환경도 변화하였다. 이러한 환경은 OECD 개발원조위원회(DAC) 가입으로 정점을 찍으면서 해외에서의 한국에 대한 인식도 변화되었다. 도움을 받아야 하는 나라에서 함께 참여하여 도와야 하는 나라로 인식하게 된 것이다. 이에 따라 규모가 큰 국제 NGO들은 한국에서의 활동가 양성과 모금활동에 관심을 갖게 되었다.

세계에서 가장 모금 규모가 큰 NGO로 알려진 '국경없는의사회'

를 비롯하여 '그린피스', '세계자연기금', '옥스팜'이 한국에서의 모금활동을 시작하였다. 심지어는 NGO가 아닌 유엔난민기구나 유니세프와 같은 국제기구들도 한국 국민들을 대상으로 하는 모금에 열중하고 있다. 이들이 한국에서의 모금에 집중하게 되면서 본격적으로 나타난 현상은 거리모금이다. 이 무렵, 오래 전부터 국내에서 활동하던 국제 NGO들도 본격적으로 거리모금에 나섰다.

한국전쟁으로 인한 전쟁고아를 돕는 일을 주로 해왔던 전통이 있어선지 모금은 주로 해외 일대일아동결연의 콘텐츠를 활용하였다. 초기에는 종교행사가 주요한 모금시장이었다. 적지 않은 국민들이 해외를 돕는 기부를 일대일아동결연이나 종교적 활동과 동일시하여 생각하는 이유는 이 때문이다. 또한 거리에서의 불특정 다수를 대상으로 한 본격적인 모금은 국제앰네스티한국지부로부터 시작되었다고 할 수 있다. 2000년대 들어서부터이다.

이러한 국제적인 대형 NGO의 한국 유입에 대해서 우려의 목소리도 많다. 국내 NGO가 성장하는 데 있어서 장애 요소가 될 수 있다는 불안감 때문이다. 아직 국내 NGO들은 경험이 많지 않고 조직력 역시 부족하기 때문에 좀 더 많은 시간을 두고 성숙할 필요가 있다. 하지만 이러한 대형 NGO의 유입으로 인해 발전의 기회를 빼앗길 수도 있다. 물론 경험 많은 국제적인 NGO가 국내에 유입됨에 따라 그들의 경험이나 노하우를 공유하고 이를 통해 더욱 빠른 성장을 일굴 수 있다는 긍정적인 측면도 있다. 하지만 이러한 기대는 현실 속에서 반영되기는 힘들어 보인다.

국제 NGO가 자신의 본부가 있는 국가 이외에 지부를 설립하는 이유는 크게 두 가지가 있다. 하나는 모금을 통해 확보된 자원과 기관의 역량을 통해 본래의 기관설립 목적에 맞는 활동을 원활하게 진행하고자 지부를 설치하는 경우이다. 다른 하나는 모금과 활동가 모집 등 자원을 확보하려는 경우이다. 우리나라는 과거에는 원활한 활동을 위해서 국제 NGO의 지부를 설립했던 나라였다면 지금은 모금과 활동가를 모집하기 위해 지부가 필요한 나라가 되었다.

국제 NGO가 우리나라에서 합법적으로 모금을 하기 위해서는 국내법인 설립이 필수적이다. 하지만 국내법인 설립을 위해서는 3년 이상의 활동 경력과 회원조건 등이 까다롭게 제시되고 있어서 그 조건을 맞추는 것이 쉽지 않은데다, 정상적인 활동을 목표로 하지 않는 편법적인 법인설립을 막기 위해서 정부 공무원들은 쉽게 설립을 허용하지 않는 경향이 있다. 또한 각 국제 NGO마다 일상적인 활동에 있어서의 자신들만의 수행 원칙을 가지고 있어서 정부기관 등과의 협력을 구하는데 어려움에 봉착하는 경우도 있다. 예컨대 정부의 특정 부서의 협조를 구해서는 안 된다는 경우가 그렇다. 그렇기 때문에 다양한 이해관계자의 협조를 통해 국내법인을 설립해야 하는 경우에 국제 NGO로서는 쉽지 않은 도전이다. 그래서 세계적인 명망이 있는 국제 NGO가 한국에 지부를 설립하는 것에 아무런 문제가 없을 거라는 안이한 판단을 가지고 도전했다가는 어려움에 직면하기도 하는 것이다. 필자도 한 대형 국제 NGO의 한국 진입을 도와 법인 설립이 가능하게 한 경험이 있다. 애써 도운 이유는 필자가 몸담고 있는 메디피스와의 협력을 통해 발전적 파트너십이 가능할 것이라는 기대 때문이었다. 담당 부서를 찾아가서 해당 NGO의 역량과 세계적인 기여도라든가 미션의 공공성에 대해서 호소했고, 그 이해를 돕기 위한 기관의 협조를 요청해서 어렵게 성사시켰다.

하지만 한국으로의 진입 이유가 주로 모금에 있었기 때문에 협력의 여지는 매우 제한적이었다. 결국 모금에 있어서 무서운 경쟁자만 하나 더 늘어났을 뿐이다. 필자는 그러한 대형 국제 NGO를 황소개구리라 표현한다. 이러한 대형 국제 NGO가 더욱 무서운 이유가 있다. 우선 월등한 자본력이 대부분의 국내 NGO를 압도한다. 모금도 초기에 적지 않은 비용을 들여서 기초를 다져야 한다. 작은 NGO들이 모금에 소극적인 이유는 관심이 없어서가 아니라 모금활동을 위해 필요한 요소를 준비하지 못하고 있기 때문이다. 이러한 애로사항은 대형 국제 NGO에게는 해당되지 않는다. 두 번째는 시민들에 대한 인지도가 비교할 수 없을 정도로 높다는 것이다. 아무래도 처음 듣는 NGO보다는 인지도가 높은 NGO를 선택하는 것은 당연하다. 문제는 우리나라의 국제활동 NGO는 역사가 짧고 조직력에 있어서 아직 준비해야 할 것이 많은 걸음마 단계에 놓여있다 보니 시민들에게 충분하게 알려질 기회를 많이 얻지 못하고 있다는 것이다. 세 번째는 대형 국제 NGO가 다국적 모금 기업에 위탁해서 모금하는 것을 선호한다는 점이다. 실제로 대형 국제 NGO들이 국내에 유입되는 시기에 맞춰 대형 다국적 모금 기업도 같이 들어왔다. 대부분의 국내에 들어온 대형 국제 NGO들은 이 다국적 기업에 위탁하여 모금을 진행하고 있고, 이 기업에 소속된 각 모금가들은 2~3개 NGO의 모금을 담당하고 있다. 게다가 대다수의 모금가들은 이 기업의 직원이 아니라 개인사업자의 자격으로 계약을 맺도록 되어있어서 국내 노동법의 도움도 받지 못하고 있다. 또한 기업에 지급하는 위탁경비가 적지 않아 과도한 비용을 지출해야 모금이 가능한 경우가 대부분이다. 이러한 부담을 감당할 수 있는 NGO는 대형 국제 NGO가 대다수를 차지한다.

결과적으로 메디피스와 같은 한국의 토종 NGO들의 모금의 어려움을 초래하고 한국의 모금 시장을 어지럽히는 데 이러한 대형 국제 NGO들이 일조하고 있는 것이다. 필자의 시선으로 볼 때 대형 국제 NGO의 국내 유입이 한국의 시민 영역과 모금 시장에 미친 긍정적인 영향은 매우 적어 보인다.

민간자원을 활용한 복지재정의 확대
: 나눔기본법

정부는 정부대로 다른 측면에서 모금을 중요시 여기고 있다. 앞으로 우리 사회는 더욱 커져가는 사회복지 재정을 감당하기 위해서 조세나 보험료 인상률을 늘려가야 하는데 이는 한계를 가질 수밖에 없기 때문이다. 그에 따라서 정부는 민간에서의 자발적인 기부를 통해 부족한 사회복지 재정을 충당하게 되기를 원하는데 '나눔기본법'이 그러한 배경에서 준비되고 있다. 그러나 2013년 12월에 입법예고 되었고 수정안이 마련되었음에도, 국회에서 처리가 되지 않아 다시 준비해야 하는 처지에 놓여 있다.

나눔기본법의 취지는 나눔 문화를 활성화한다는 데 있다. 나눔의 자발성, 무보수성, 이타성, 공정성 등을 기본 원칙으로 하여 나눔 실천자에 대한 권리 및 예우를 강화하고, 포상의 근거를 마련하여 나눔 실천자에 대한 사회적 인정을 강화하려는 것이다.

나눔기본법에서 가장 눈에 띄는 것은 기부가액의 일정액을 연금 형태로 정기적으로 지급하는 계획기부(planned giving) 모델인 기부연금제도이다. 기부연금제는 개인이 현금이나 부동산을 공익

법인에 기부할 경우 기부액의 일정 비율(최대 50%)을 본인이나 가족이 매달 연금처럼 받을 수 있는 제도다. 사회에 공헌하고 싶은 마음은 있지만 기부한 뒤에 경제적 여건이 악화되는 경우를 우려했던 이들이 주요 가입 대상이다.

예를 들어 재산 1억 원을 기부하고 연금 수령비율을 50%로 정할 경우 5,000만 원은 기부자가 원하는 곳에 기부된다. 나머지 5,000만 원은 국민연금공단에 이전돼 연금 형태로 기부자에게 나눠 지급된다. 1억 원을 낸 기부자가 65세부터 연금을 받는다고 치면 월 25만 원을 사망할 때까지 수령할 수 있다.

미국은 기부연금기금 규모가 150억 달러(약 18조 원)에 달할 만큼 기부연금이 정착돼 있다. 평균 4만 3,000달러(약 5,000만 원)를 기부한 미국인 1만여 명이 현재 연금을 받고 있다. 한국도 기부연금을 도입할 만한 여건은 충분히 마련됐다는 분석이다. 경제발전 시기에 부를 축적한 베이비붐 세대가 은퇴를 시작했기 때문인데, 이러한 중산층이 노후 걱정 없이 자산을 기부할 수 있도록 제도적 기반을 만들려는 것이다.

이는 다양한 측면에서 해석이 가능하겠지만, 가장 근본적인 취지는 세금과 보험료만으로 복지를 유지하기 힘드니 민간 영역을 활용하여 부족분을 메꾸려는 점이다. 특히 중산층이 기부에 참여할 수 있는 제도적 장치를 만들어서 주머니를 열게 하겠다는 것이다. 이제 정부도 더욱 적극적으로 기부의 결과를 나누어가질 것을 선언한 것으로 볼 수 있다. 사회복지공동모금회의 경우도 별도의 법을 만들어 모금을 정부가 일정 부분 관리할 수 있는 여건이 만들어졌다. 이러한 나눔기본법은 그 취지야 어떻든 결과적으로 기부와 모금 영역에 정부가 한 발짝 더 개입하는 결과를 가져올 것으로 보인다. 정부주도의 모금 문화가 더욱 더 확대될 것이다.

한국기부 역사의 교훈

우리나라의 기부 역사에서 발생한 몇 가지 변화에서 의미를 찾아 볼 수 있다. 1990년대까지 모금이 캠페인의 성격을 띠고 전개된 것은 주로 국가의 위기가 왔거나(국채보상운동, 금모으기운동 등), 커다란 국내 재해를 극복하기 위한(수재민돕기운동 등) 일시적 모금이었다. 우리 국민들은 일상적인 이웃의 어려움을 돕는 차원에서 제한적인 기부를 하였지, 시민운동적인 측면에서 이루어졌다고 보기는 어렵다. 하지만 2000년대에 들어서면서 경제적인 여건 등 객관적인 환경이 변화되면서 전문적인 모금운동을 실시하는 단체들이 속속 등장하여 인도주의적인 실천을 목표로 활동을 시작하였고, 국민들은 모금에 호응해야 할 필요성을 인식했다.

 국민들의 기부문화와 기부에 대한 정부의 태도는 전향적인 모습을 보이고 있다. 한국전쟁과 경제적으로 어려웠던 1960년대를 겪으면서 해외로부터 유입되는 인도적 차원의 지원을 배분하는데 집중하였고, 그 후 효율적인 복지 정책을 실행하기 위해서 민간 영역을 활용하는데 관심을 가졌다. 특히 모금활동을 통제하는 정부의 역할은 모금을 활성화하고 이를 통해 국민 복지 확대 효과를 도모하려는 데까지 나아가고 있다. 이는 향후 정부와 민간의 모금의 효과적인 균형을 어떻게 이끌어내서 시너지 효과를 가져올 수 있는지에 대한 고민이 필요하다는 점을 보여준다.

 2000년대의 특이할 점은 국내 모금에 해외 NGO들이 참여하기 시작했다는 점이다. 튼튼한 자금력을 갖춘 대형 NGO들이 굉장히 빠른 기간 내에 국내 모금 시장을 압도해 가고 있다. 여기에다 UN 산하 기구까지 가세하면서 국제 활동 중심의 모금이 폭발적으로 증가하고 있다. 기부는 우리 사회를 건강하고 성숙하게 하는 중요한 자산이기 때문에 기부의 본래 목적뿐만 아니라 다양한 사회문화 분야에서의 긍정적 영향을 무시할 수 없다. 어떻게 모금을 하고 어떻게 활용하고 그 결과를 어떻게 사회의 구성원들이 공유하고 향유하는가는 기부에 있어서 중요한 의미를 갖는다. 하지만 우리 시민사회가 국제활동에 눈을 돌리기에는 그동안 국내적인 어려움이 많았고, 국가 경제력과 민주주의의 성숙에 공을 들이는 데 집중해오느라 국제 활동의 경험을 많이 갖지 못했다. 이러한 현실에서 국제 활동에 대한 관심촉구와 모금 문화의 성숙은 우리에게 험난한 도전이 되고 있다.

02
한국의 기부 특징

정부주도 모금과 '꼬마 NGO'

한국에서의 기부는 주로 장학금이나 고아원 후원 등이 주류를 이루어왔다. 간혹 '김밥가게 할머니'의 고액후원이 화제가 되기도 하고 연말 한국구세군 일시 후원이나 마치 세금처럼 모금했던 적십자 회비가 일반적이었다. 1998년 사회복지공동모금회가 정부 주도로 설립되면서 이러한 일시 후원은 '정부 주도 모금'으로 강화된다. 정부 주도 모금은 관련 법안에 의해 조직을 구성하고 직접 모금하는 형태를 말한다. 대한적십자사는 '대한적십자사 조직법'에 의해 설립되었으며, 적십자사의 대의원은 대통령, 국회, 지방자치단체장 등이 위촉한다. 또한 명예총재는 대통령, 명예부총재는 국무총리가 당연직으로 있으며, 총재는 대통령의 인준을 받도록 되어 있다. 자발적인 민간단체가 아닌 것은 분명하다. 사회복지공동모금회 역시 '사회복지공동모금회법'에 의해 설립되었다. 그래서 이들이 하는 모금은 일반적인 NGO의 모금과 구분되며, 자체적인 기부금의 운용이 이루어진다고 해도, 정부의 정책적 영향 아래에서 활동할 수밖에 없다는 점에서 정부 주도 모금이라 할 수 있다.

국내 비영리 민간단체의 협의체인 한국NPO공동회의는 2014년 모금액을 분석하였는데,3) 정부 주도 모금은 사회복지공동모금회가 5,833억 원, 대한적십자사가 702억 원이고, 유니세프한국위원회가 1,169억 원으로 나타났다. 유니세프는 국제연합의 상설보조기관이다. 이는 NGO에 비해 정부 관련 기관에 의한 모금이 압도적으로 많은 것을 보여준다. 수입 총액으로 보면 그 비중이 훨씬 커진다. 이러한 현상은 장기적으로 우리 사회의 건전한 발전을 생각해볼 때, 부정적인 영향을 미칠 가능성이 높다. 시민 영역의 위축이나 제한은 시민, 정부, 기업의 세 가지 축으로 구성되는 우리 사회의 역동적 관계를 왜곡시킬 수 있기 때문이다. 우리 정부나 국제기구는 시민들이 의무적으로 납부하는 세금을 기반으로 하여 자신들의 역할을 수행하는 것이 바람직하다. 그리고 NGO는 자발적인 시민의 참여에 의해서 소통하고 지지를 받아 운영하고 자신들의 역할을 충실히 수행하는 것이 옳을 것이다.

　NGO의 경우에는 여러 나라에 회원국을 두고 있는 국제 NGO의 비중이 높다. 모금액은 월드비전이 2,353억 원, 어린이재단이 1,049억 원, 세이브더칠드런이 452억 원, 한국컴패션이 685억 원, 기아대책은 623억 원이었다. 모금액 상위 9개 단체 중 유일하게 국내에서 탄생한 NGO는 굿네이버스로 1,024억 원이다. 정부 주도 모금단체를 제외하면 모두 기독교 정신에 기반을 두고 있다.

　이들 상위 9개 단체의 모금액은 1조 3,611억 원으로 1,862개 사회복지법인의 전체 모금액의 75%에 달하고, 우리나라의 연간 총 기부금의 약 11%에 달하는 수치라고 한다. 우리나라 국민들의 기부의 특징은 NGO보다는 정부 관련 기관을 선호하고, 오랜 활동 기간을 가지고 있고 한국과 연관이 많은 국제 NGO에게 우호적

대리 기관은 기부자의 기부를 통해서 인도주의적 사업을 실행하게 된다. 또한 많은 사람들이 기부에 참여하도록 유도하여 인도주의적 실천을 더욱 활성화시키는 것을 자신의 임무라고 생각한다. 이를 위해서 다양한 방식의 모금이 진행되고 이 과정에서 예비 기부자의 기부의 효과에 대해서 학습하게 된다. (사진: 메디피스 거리모금 현장, 2015, 촬영: 메디피스)

이다. 또한 기독교 계열의 NGO가 가장 많은 영향을 미치고 있다. 몇몇 대형 NGO가 지나친 비중을 차지하고 대부분 NGO는 영세성에서 벗어나지 못하고 있다. 2014년 우리나라의 모금액 상위 1.2% 기관이 전체 모금액의 77.3%를 독점하는 반면, 하위 64.6% 기관이 1%를 모금하는 큰 격차가 발생하고 있다고 한다.4) 이는 미국의 TOP50 모금기관이 전체의 42%를 모금하고(2013년), 영국은 1%의 기관이 전체 모금액의 약 50%를 모금하는 것에 비해서도 우리나라는 대형NGO의 비중이 너무나 높다. 한국은 꼬마 NGO들이 대부분이다.

한국의 기부 특징

일대일아동결연

우리 사회의 기부 특징에서 빠질 수 없는 또 하나의 것이 일대일아동결연이다. NPO공동회의의 2011년 실태 조사에 따르면, 국내 일대일아동결연 수혜자 규모는 약 6만 7,000명으로 소요예산은 약 340억 원을 차지하고 있다. 이는 아동결연 사업이 국내 NGO의 전통적 사업영역의 하나로서 아직까지도 일정한 비중을 차지하고 있음을 보여준다.

또한 2000년대에 들어서 국민들의 국제 구호개발에 대한 관심이 급격히 높아지고, 이를 위한 모금과 후원이 보다 활발하게 진행되는 가운데 해외사업 중에서 일대일아동결연 사업이 급격히 성장했다. 해외 일대일아동결연 사업은 전개된 지 그리 오래지 않아 해외사업 소요 예산의 32.5%에 해당하는 약 1,633억 원을 67만여 명에게 사용하고 있다고 한다. 일대일아동결연의 비중이 왜 이렇게 높을까. 그 이유는 크게 세 가지로 나누어볼 수 있는데, 제도적인 특성, 역사적 배경, 모금의 유리함을 들 수 있다.

먼저 NPO공동회의가 정리한 일대일아동결연의 제도적인 배경을 살펴보도록 하자. 1981년, 정부는 아동복지법을 개정하여 아동복지의 대상을 요보호아동에서 일반아동으로 확대했다. 그 결과, 이전의 시설 위주의 아동보호에서 벗어나 가정위탁과 결연 사업의 확대, 가정과 지역사회 중심의 보육서비스 및 재가복지서비스의 제공 등 보다 보편적인 아동복지서비스를 지향하게 되었다.

또한 1983년에는 사회복지사업법 개정을 통하여 사회복지관의 국고 보조를 법제화했고, 1989년 주택건설촉진법 등에 의해 저소득층 영구임대아파트 단지 내 사회복지관 건립을 의무화하면서 복지정책의 급여내용 및 대상 범위가 확대되었다. 바로 이러한 정부 주도의 사회복지 영역에서의 변화는 다양한 복지 서비스 전달기관들이 전국적으로 설립되고 운영되게 하는 계기로 작용하였다. 즉 정부가 주도한 사회복지 영역에서의 변화는 개발복지 NGO의 원조격이라 할 수 있는 기존의 사회복지법인들에게 새로운 장을 마련하였다. 즉, 사회복지서비스 전개를 위해서 공공부조의 속성을 넘는 새로운 활동의 장으로 고유의 기능을 확장할 수 있는 계기를 마련하였다고 할 수 있다.

한편, 보건사회부는 1976년부터 시작한 국내 아동결연 사업을 민간단체에서 담당하도록 정부방침을 정하고 1981년 10월 1일부터 민간사회사업 기관에게 사업을 이양하였다. 당시 많은 민간기관들은 지방자치단체와의 협력 하에 결연 사업을 수행하고, 모금활동을 통해 자립 재정운영방안을 모색해 왔던 터라, 정부의 사업 이양은 민간기관의 활동영역 확장에 큰 기여를 했다.

이처럼 1980년대 우리나라는 각종 사회복지관련 법규를 제정함으로써 복지국가발전을 위한 제도적 기반을 확충하면서 새로운 방향의 복지체계의 기틀을 마련하기 시작했다고 볼 수 있다. 바로 이러한 영역에서의 변화는 개발복지 NGO의 초기 모델인 사회복지법인들의 활동들이 새롭게 성장할 수 있는 기틀을 마련했다고 평가할 수 있다. 특히 이러한 환경적 변화로 인해 해외 원조기관들이 철수하기 시작함에 따라 사회복지법인들은 그 자산과 기능을 전수받아 이제는 독자적으로 새로운 활동을 전개해야 했다. 즉, 사회복지법인들이 새로운 자원의 구축과 함께 고유의 활동영역을 새롭게 구축하여 자생적인 길을 가게 되는 계기가 되었다고 할 수 있다.

일대일아동결연이 활성화 될 수 있었던 두 번째 이유로는 우리의 아픈 역사적인 배경을 들 수 있다. 한국전쟁이 발발한 1950년대는 세계사적으로 특별한 의미를 갖는다. 세계대전을 통해 대량살상무기의 위험성을 체감하고, 대규모 전쟁의 무서움에 대해서 공감을 하게 된 유럽 각국은 국지전에 개입하여 분쟁을 조정하고 일상적인 평화 유지 활동의 필요성에 동의하게 된다. 세계대전은 이전의 전쟁과는 근본적으로 다른 전쟁이었다. 이전의 전쟁은 군인들과의 전투가 대다수였고, 민간인의 피해는 크지 않거나 전쟁의 결과에 따른 간접적인 피해가 대부분이었다. 하지만 세계대전을 통해 전쟁은 군인들 간의 싸움에서 그치는 것이 아니라 민간인에게도 동시에 대규모 피해를 입힌다는 분명하고 끔찍한 경험을 하게 되었다.

세계대전 기간 동안에 경험한 이 엄청난 충격 앞에서 모두가 무기력할 수밖에 없었다. 전쟁 참여국의 국민들은 누가 누구를 돕는다는 것보다는 당장 자신의 삶을 유지하는 것이 급급한 상황이었고 그 정도는 너무나 가혹했다.

한국전쟁은 세계대전 종전 후 채 10년도 지나지 않은 상황에서 다시 민간인의 엄청난 희생을 부르는 무시무시한 전쟁이었다. 대규모 전쟁이 얼마나 많은 민간인들에게 고통을 주는지 세계대전을 통해 경험했던 세계시민들은 한반도의 상황을 예의주시할 수밖에 없었다. 또한 UN군이 참전하면서 더 많은 세계시민들은 한국전쟁에 대해서 관심을 갖게 되었다. 그 와중에 세계시민들의 심중을 울린 것은 전쟁고아였다.

당시 전 세계에 한반도를 아는 사람이 몇이나 되었을까? 한국이라는 나라가 전 세계에 제대로 알려지기 시작한 것이 88올림픽이라 하니, 1950년대의 한반도는 미지의 나라가 분명했을 것이다. 그러나 세계대전 이후 대규모 전쟁으로는 처음이었던 한국전쟁은 전쟁의 아픔이 채 잊히기 전이었던 유럽인들의 가슴을 울렸을 것이다. 역설적으로 한국전쟁을 통해 많은 유럽의 NGO는 성장의 계기를 맞이하였다. 세계 굴지의 몇몇 국제 NGO들은 한국전쟁을 통해 조직이 크게 성장했다. 지금은 당연하게 생각하는 해외 인도주의적 지원들이 한국전쟁을 통해서 얻은 학습효과로부터 크게 성장한 것만은 분명하다.

유럽의 시민들과 NGO들은 이제 자국 내의 문제를 넘어서서 저 바다 건너 동쪽의 작은 나라에까지 온정을 베풀게 되었다. 전쟁고아, 우리 사회의 최고의 약자인 이 고아들에게 온정을 베풀었던 사람들 덕분에 우리는 어려운 시기를 위로받으며 건너올 수 있었다. 그 후로 약 50년이 흐른 시점에 한국은 세계적인 경제 대국이 되었다. 그렇게 그간 많은 고생을 겪었지만 이제 우리 사회가 남을 도와야 하는 입장이 되었다고 생각한 순간, 자연스럽게 어딘가에서 새로운 '전쟁고아'를 찾아내는 것은 어쩌면 당연할지 모른다. 그것이 일대일아동결연에 대한 관심으로 이어진 게 아닌가 싶다.

일대일아동결연이 활발하게 진행될 수 있었던 세 번째 이유는 그것이 모금에 대단히 많은 장점을 가지고 있기 때문이다. 국내 시민운동 단체인 '발전대안 피다'가 해외 아동결연 사업을 실행하는 대표적인 단체 7개를 선정하여, 2012년에 조사한 바가 있다. 7개의 각 단체는 해외 아동결연이라는 형태로 사업을 하고 있지만, 후원금 사용내역, 지원대상, 아동지정방식, 사업내용에서 조금씩 차이를 보이고 있다고 한다. 가장 큰 차이를 보이는 것은 해외 아동결연을 통해 받은 후원금의 실제 활용방안인데, '후원금을 아동에게 직접 지원하는가', '지역사업 전체를 위해 쓰는가'이다. 3개 단체는 해외 아동결연 후원금이 지역사회 사업에 쓰인다고 답했고, 또 다른 3개 단체는 후원아동에게 직접적으로 쓰인다고 답했으며, 나머지 1개 단체는 아동(60%)과 지역사업(40%)에 나누어 활용하고 있다고 답했다.

다시 말해서 일부 단체는 모금액을 100% 아동결연에 활용하고 있지는 않다는 것이다. 지역사회 사업에 활용할 것이라면 아동결연을 통해 모금을 하지 않으면 되는데, 왜 굳이 아동결연을 통해 모금하는 것일까. 실제로 아동결연이 기대하는 만큼 좋은 기부 결과를 가져오지 못하고 있기 때문에 지역사회 중심으로 사업을 진행하려는 경향이 있지만, 모금을 위해서는 아동결연을 통해 기부자를 모집하는 것이 훨씬 수월하기 때문일 것이다.

'발전대안 피다'가 조사한 7개 단체는 모두 서신교환, 후원자방문, 혹은 선물 전달과 같은 후원자와 후원 아동의 정서적 교류를 위해 적극적으로 노력하고 있다.5) 이는 후원자가 아동과 관계를 맺음으로써 생기는 유대감이 지속적인 기부로 이어지기 때문이다. 단체들에게 있어서 꾸준한 후원금 수입은 사업을 운영하는데 있어서 매우 중요한 점이다. 기부자에게 아동이라는 대상을 맡김으로써 기부에 대해 책임감을 가지게 만드는 것이 이는 기부의 지속성으로 이어진다는 것을 단체들은 잘 알고 있다. 그리고 그 점이 해외 아동결연을 통한 모금액이 단체들의 사업 예산 중 가장 큰 비중을 차지하는 이유이다.

국제 NGO의 철수와 생태계의 변화

NPO공동회의가 2014년 모금액을 분석한 상위 9개 단체 중 NGO의 특성이 또 하나 있다. 국제 NGO라고 할 수 있는 월드비전, 세이브더칠드런, 컴패션, 어린이재단은 한국을 돕기 위해서 찾아왔던 또는 이를 계기로 탄생한 NGO들이다. 이들 단체의 역할은 국내 모금이 아니라 수혜 대상자를 발굴하고 지원하는 역할을 담당했었다. 그러나 그 역할이 1990년대와 2000년대를 거치면서 반대로 바뀌었다. 이 역할의 전환으로 인하여 NGO 전반의 체계가 변화되었고 모금시장이 격변하게 되었다.

이러한 한국의 특징으로 인하여 크게 세 가지의 양상이 나타난다. 하나는 이미 건실하게 운영되고 있는 국제 NGO의 많은 경험과 높은 역량 그리고 효율적인 조직관리 능력이 국내에서 급속도로 자리를 잡게 되는 배경이 되었다는 점이다. 해당 기관에 근무하는 직원들도 오랜 경험을 겸비한 사람들이 많기 때문에 바뀐 환경에 적절하게 대응하기에 유리했을 것이다. 두 번째는 한국사회의 자체 동력으로 새롭게 성장할 국제 활동 NGO들의 위축이다. 소위 대형 NGO들의 물량 공세에 신생 또는 작은 NGO들은 돌파구를 찾기 매우 힘들어졌다. 그나마 자리를 잡아가는 신생 NGO들은 대부분 탄탄한 종교적 기반을 가지고 있는 경우가 대부분이다. 국제 활동을 하는 NGO의 사업은 비교적 많은 예산이 필요한데, 신생 NGO나 작은 규모의 NGO는 이러한 사업에 쉽게 접근하기 어렵고 그에 따라 역량을 강화하는 데 많은 시간이 필요하다. 이러한 이유로 국내의 국제활동 NGO의 위축은 피하기 어렵다. 세 번째는 전문적인 NGO가 발전할 토대가 약하다는 것이다.

다른 사회를 바라보는 좀 더 과학적인 시각이 요구되고, 그에 따라 전문성이 매우 중요하지만, 한국 NGO의 상황은 다소 제한적 환경에 놓여있다. 또한 국내에서만 활동하다 국제 활동이 추가되고 있는 NGO의 경우에는 주로 복지시설을 중심으로 활동하는 경우가 많았기 때문에 특정 영역에서 전문성을 확보하기에는 다소 어려움이 있을 수 있다.

앞서 한국의 기부 특징을 크게 세 가지로 나누어 살펴보았다. 이를 요약하면, 우선 특정 기관에 기부가 집중되고 있다는 점이다. 기부가 집중되는 특정 기관은 정부 주도 기관, 종교에 기반한 기관, 대형 국제 NGO 그리고 일부 UN 산하 기관 등이다. 특히 상위 1%에 해당하는 기관이 전체 모금액의 77% 정도를 독점하고 있는 것은 우려할 만하다. 일반적으로 기부자는 인지도가 높은 기관에 더 많은 신뢰를 주는 경향이 있어서 특정 기관에 모금이 쏠리는 현상은 당연한 현상이지만, 우리나라는 그 정도가 매우 심한 모습이다. 이러한 지나친 쏠림현상이 나타나는 이유는, 국내 NGO의 성장을 뒷받침해 줄 수 있는 모금과 관련된 법과 제도가 정착되어 발전해 가기 전에 정부 주도 모금기관이 그 자리를 선점해 가고 있다는 점, 해외 선교 등의 목적을 가지고 있는 종교기관이 일찌감치 활동을 시작했다는 점, 국내 NGO는 민간 영역에서의 국제활동의 경험이 부족한 반면 해외의 대형 NGO들은 높은 인지도와 오랜 활동 경험을 갖추고 있다는 점을 들 수 있다.

두 번째, 기부 형태에 있어서 일대일아동결연의 비중이 지나치게 높다는 특징을 갖는다. 특히 국제 활동 NGO의 모금활동에 있어서의 일대일아동결연이 갖는 비중은 더욱 높다. 그 이유로는 정부의 아동복지 정책의 영향을 받았다는 점, 한국전쟁을 통해 전쟁고아라는 아픈 상처가 남아있기 때문이라는 점 그리고 NGO의 입장에서 시민들에게 기부를 설득하기에 가장 좋은 방법이라는 점을 들 수 있다. 하지만 일대일아동결연 — 특히 해외아동결연의 경우 — 이 여러 가지 문제점을 야기할 수 있다는 점에서 과연 좋은 기부 방법인지에 대해서는 논의가 필요할 것으로 보인다. 이에 대해서는 뒤에서 검토하도록 하겠다.

세 번째, 국제적인 연대에 있어서 주로 도움을 받는 역할을 하던 우리나라가 이제는 주는 나라가 되었다는 점이다. 이는 우리에게는 참으로 자랑스러운 일이지만 한편에서는 주는 역할의 경험이 부족한 국가라는 특징에 대한 숙고가 필요하다는 것을 의미한다. 아직까지 우리 국민들은 어떻게 이 역할을 잘 수행할 수 있을지에 대한 생각의 높이를 키워야 하는 숙제가 남아있다. 어떤 기부가 좋은 기부인지에 대한 숙고가 필요한 시기인 것이다. 그뿐만 아니라 기부자의 대리 기관 역할을 수행해야 하는 NGO를 비롯한 다양한 기관들은 좋은 기부를 만들기 위해서 막중한 임무를 수행할 역량을 더욱 높여야 하고 각각의 전문성을 키워 시민들에게 신뢰를 얻어야 하는 등의 더 많은 노력이 필요하다.

II

기부란 무엇인가

03
왜 기부를 하는가

기부의 정의

기부는 나의 자산의 일부를 타인에게 제공하는 것뿐만 아니라, 이를 통해 타인의 행복 수준을 높여주는 행위이다. 사전적 의미는 '자선사업이나 공공사업을 위하여 금전이나 물건을 대가없이 제공하는 것'을 말한다. 넓게는 금전, 물건, 노동, 기술을 모두 포함하여 대가 없이 타인의 복지나 행복의 증진을 위해서 제공하는 행위라 할 수 있다. 기부의 도구나 방법은 매우 많은 차이가 있겠지만 기부로 인해 벌어지는 현상들은 많은 유사점을 가지고 있다.

기부 행위는 개인 또는 집단의 인도주의적 실천 혹은 자선적 실천을 위한 구체적 실체이다. 일상에서 사람이 행할 수 있는 인도주의나 종교적 실천 중에 가장 보편적인 행위이고 가장 접근하기 쉬운 방법이기도 하다. 최근에는 자산의 제공뿐만 아니라 기술을 제공하는 자원봉사인 재능기부에 비중이 커지고 있다.

다양한 기부 행위의 공통점은 이타성이며, 개별적 관계가 아니라는 점이다. 대가를 바라고 선행을 베푸는 것은 기부로 보지 않는다. 일정 부분 공공성을 가지고 있어야 하고 공동체에 기여하는

기부는 타인의 행복에 기여하는 것을 목적으로 한다. 기부의 결과가 실제로 행복으로 연결되었는지 확인하는 과정 역시 기부의 과정에 포함된다. (사진: 메디피스 탄자니아 키넨도니 사업 현장, 2014. 촬영: 신미식 작가)

결과를 가져와야 한다. 예를 들어 종친회에서 제공하는 장학금은 기부와는 다른 의미로 규정해야 한다. 또한 친구를 위해서 시간을 할애해서 일을 도와주었다고 해서 기부라고 하지는 않는다. 개별적 관계에서 생기는 호의는 결국 대가가 발생할 가능성이 높고 공공성과는 거리가 있기 때문에 기부의 범주에 넣기는 어렵다.

그러나 세제혜택을 원하거나 이미지 개선을 위한 기부의 경우도 그 행위의 결과가 공공성을 가지고 있고 기부로 인한 수혜자로부터의 직접적인 대가를 얻는 것이 아니기 때문에 대체로 기부의 범주에 포함한다. 다만 기부의 순수성은 기대하기 힘들 것이다.

기부는 그 행위의 결과와는 무관하게 행위 자체만을 가지고 규정한다. 즉 기부의 결과가 어떻게 되었는가와는 상관없이 그 의도가 이타적이고 공공적이며 개별적 관계가 아니면 기부라고 할 수 있는 것이다. 다만 기부의 결과에 따라서 좋은 기부와 그렇지 않은 기부가 갈라질 수 있을 것이다. 또한 기부는 특정한 대가 없이 자산을 제공하는 비경제적 행위 정도에서 머무는 것이 아니라 나와 타인과의 소통의 일환이며, 공감의 정도를 나타내주는 과정이다. 일정 부분 이로 인해 발생하는 관계에 대한 책임감이 요구된다.

최근 들어 기부의 다양한 형태를 포괄하여 '나눔'(philanthropy)이라는 용어가 등장하였다. 나눔은 자발적 의사를 가진 개인 및 단체가 사회의 복지향상과 공익(public good)을 위해 사회적·경제적 가치가 있는 자원을 제공하는 것을 말한다. 입법 예고되었던 '나눔기본법'에서는 나눔의 개념을 물적, 인적, 생명나눔으로 구분해 물적나눔은 금전 또는 물품으로, 인적나눔은 자원봉사활동으로, 생명나눔은 신체의 전부 또는 일부의 나눔으로 규정하기도 했다. 보건복지부가 발간한 『나눔실태 2014』에서는, 궁극적으로 자유시장 체제에서 위협받는 빈곤과 양극화, 일자리 감소, 생존경쟁, 신뢰의 붕괴 등으로부터 사회공동체의 상생 관계를 이룩하는 것을 나눔의 목적으로 보고 있다. '자발적 의사'란 강제성이 없고 대가를 바라지 않는 의도적 활동을 뜻하며, '개인 및 단체'는 나눔 주체 즉, 개인, 기업, 재단 등을 포함하며 '공익'은 그 어원인 인류에 대한 사랑(philanthropy)을 기반으로 나눔의 목적인 빈곤 완화 및 방지, 교육, 종교, 건강, 시민권 및 인권 보호와 증진 등의 실현하는 것을 의미한다. 나아가 '사회적·경제적 가치가 있는 자원'은 현금, 서비스(시간, 재능 등), 물품, 장기 등을 포함한다.

기부는 공공의 이익을 위해 개인 및 단체에 경제적 가치가 있는 물품을 자발적으로 제공하는 나눔의 하위 개념으로 보기도 하며,

현금, 현물 등의 물품을 대리 기관이 전달한다는 점에서 자원봉사 활동 및 생명나눔과 구분하여 규정하기도 한다.

  이 책에서의 기부는 후원자의 기부 행위뿐만 아니라 기부금이 수혜자에게 전달되는 전 과정을 일컫는다. 즉 후원자의 기부는 주로 이를 대신 실행해주는 NGO, 종교기관, 준정부기관과 같은 대리 기관을 거치게 되고, 더 나아가 해외의 경우에는 이를 전달하는 현지기관이 참여하기도 한다. 이러한 과정을 포함해서 최종적인 수혜자에게 기부의 결과가 나타나는 것까지 포괄하여 기부라 하겠다.

기부충동

가장 순수한 기부는 충동적인 기부라고 한다. 기부를 할 것인지 말 것인지 고민해봤자 이해득실을 따지게 되고 순수한 기부 동기가 작용할 가능성이 적어지기 때문이다. 즉 기부에 대한 충동이 일어났을 때 즉각적으로 반응하는 것이 가장 순수한 기부가 될 수 있다는 뜻이다. 이러한 충동에 충실했을 때 기부까지 이어질 가능성은 매우 높아지고 또 순수성을 유지하는 데 도움이 된다. 기부는 충동이다.

  가장 강렬한 충동은 특정 경험에서 영향을 받았을 때이다. 예를 들어 암, 심장병 등으로 아픔을 경험한 사람들은 다른 사람들의 동일한 고통에 더 많은 공감을 하게 된다. 흔히 고생해본 사람들이 기부도 많이 한다는 말은 이러한 경우에 해당된다. 금연 운동에 적극적인 사람들은 흡연으로 인해 건강을 해친 경험이 있는 사람들이 많고, 장학 사업에 적극적인 사람은 가정 형편이 어려워서 맘껏 공부하지 못했던 사람들이 대부분이다. 이러한 경험에 기반한 기부충동은 실제 기부할 가능성이 높고 오랫동안 기부 행위를 이어가는 경향과 적극성이 매우 높다. 자신과의 일체감이나 연대감이 형성되었을 때 기부충동이 강하게 나타나는 것이다.

기부충동은 모금기관들이 어떤 방법으로 모금을 하는지를 보면 좀 더 쉽게 알 수 있다. 모금의 성공을 위해서는 가장 많은 사람들이 반응하는 방법으로 캠페인을 할 것이기 때문이다. 그렇다면 우리 사회의 모금 광고에 가장 많이 나타나는 사람 유형은 누구일까? 우선 아프리카 사람이 가장 많이 나타난다. 그리고 여자아이가 많다. 좀 더 피력을 하려는 모금단체는 그 여자아이의 품 안에 아기가 안겨져 있다. 연민이다. 인간이 가지고 있는 선한 본능인 연민을 통한 기부충동이 가장 많은 사람들에게 나타난다. 눈물이 마음을 훔쳐가는 것이다.

기부충동을 느끼게 하는 것에는 죄책감도 작용한다. 기부를 하지 않으면 정말 나쁜 사람이 된다는 죄책감, 그 정도 먹고 살면 당연히 나누어야 하는데 그러지 못하고 있는 죄책감, 좀 더 착하지 못한 죄책감들이 책임감이 된다. 주로 신념이 일치하는 사람들 간에 공감대가 형성되었을 때 이러한 죄책감에 대한 반응이 쉽게 나타날 수 있다.

대리 기관 즉 모금기관이 가지고 있는 가치에 공감하는 경우에 기부충동을 느끼는 경우도 있다. 이는 기부를 통해 자신의 가치를 실현하고 싶은 사람들이 대부분이다. 이러한 기부자들은 자신을 대신해서 기부 효과를 실현시키는 대리 기관과 동일한 가치를 추구해나가고 있다는 동료의식을 갖는 편이다. 종교적 기반을 가지고 있는 경우가 많고, 환경문제나 반전(反戰)과 같은 특정 이슈를 해결하고 싶은 욕구 때문에 기부하기도 한다. 자신의 가치를 지키고 싶다는 의지가 많이 결합될수록 대리 기관에 대한 믿음도 강해지고 직접 참여하고 싶어지는 욕구가 상승하기도 한다. 이러한 경우에는 대리 기관 선택에 있어서의 실수는 적은 편이고, 가장 선명하고 활동력이 강한 대리 기관을 선택하는 편이다.

타자와의 일체화는 강한 기부의 필요성을 느끼게 한다. 이러한 공감(empathy)은 가장 단단한 기부충동이다. 상대방과 내가 다르지 않다는 동질성을 인정하고 같이 해결해 나가자는 결단을 내리게 된다. 상대방이 처해 있는 환경에 대해서 관심을 갖고 문제점을 구체적으로 찾아내고자 한다. 상대방을 불신하지 않고 불쌍한 존재로 낙인찍지 않는다. 당신이 아프다면 나도 아팠을 것이라는 공감으로부터 출발해서 연대하고자 노력한다. 일종의 인도주의적 기부이다.

성취감과 만족감도 기부하려는 마음을 움직인다. 구체적인 숫자를 제시하고 목표를 분명히 해야 반응하는 경우가 많다. "내가 기부하면 얼마나 변합니까?" 기부에도 욕심이 있다. 효과와 효율성이 높으면 선행에도 투자하고 싶은 것이다.

희망에 반응하는 기부충동도 있다. "당신이 기부를 한다면 세상이 이렇게 바뀌게 됩니다." 이러한 변화에 대한 설득에 반응하는 것이다. 좀 더 구체적으로, "엘리베이터를 설치할 수 있도록 기부해주시면, 휠체어를 탄 아이들이 3층에 있는 컴퓨터실에서 공부할 수 있게 됩니다"라는 희망이 보이면 그것을 달성하도록 돕고 싶은 기부충동이 발동한다. 구체적인 목적의식을 갖게 되는 것이다.

기부목적

페이스북 최고경영자인 마크 저커버그는 자신의 딸인 맥스만을 위한 투자가 아니라 아이가 살아갈 세상을 더 낫게 만들려는 의도로 자신이 소유한 주식의 99%를 자선사업에 활용하기로 했다. 금액으로 보면 약 50조 원에 해당하고, 이를 활용하기 위해 '챈 저커버그 이니셔티브'를 설립하기도 했다. 마이크로소프트의 공동설립자인 빌 게이츠도 이미 270억 달러를 기부해 세계에서 가장 기부를 많이 한 사람이 되었고, 국제적 보건의료 확대와 빈곤 퇴치를 위해 '빌 & 메린다 게이츠 재단'을 설립해서 기부활동을 이어가고 있다. 평생 김밥을 팔아서 모은 50억 원을, 재물은 만인이 공유할 때 빛이 난다며, 장학기금으로 충남대학교에 기부하고 세상을 떠난 김밥할머니 이복순에 대한 이야기는 초등학교 교과서를 통해서도 접할 수 있다.

이렇게 고액을 기부를 하는 경우 외에도 일상 속에서 실천하는 정기적인 소액기부는 선진국에서 매우 일반적인 현상이다. 이렇게 기부하는 데는 저마다의 이유들이 있다. 즉, 기부를 결정하게 된 이유, 기부를 통해 이루고자 하는 목적이 있다는 것이다.

종교적 신념

우리나라 국민의 2013년 기부금지출 중 종교기부금이 89.9%를 차지하였고, 사회단체 및 기타기관 기부금은 10.1%에 불과하였다.[6]

미국이나 영국의 기부는 다양한 이유로 인해 발생되는 반면, 한국의 경우에는 특정 이유에 편중되는 경향을 보인다. 개인기부의 경우 미국은 1980년대 까지만 해도 종교적 이유의 기부가 전체 기부액의 50%를 넘었으나 최근 약 30%대를 유지하고 있고, 영국은 사회, 문화, 환경 등 다양한 이유로 기부가 이루어지고 있으며, 종교적 이유의 기부는 전체 기부액의 14% 정도를 차지한다.7) 특히 종교적 이유의 기부는 다른 이유에 의한 기부에 비해 금액의 측면에서 보면 상대적으로 매우 높다.

다만 메디피스가 2013년에 조사한 바에 따르면, 기부자 중 77%가 종교를 가지고 있었으나, 기부자 중 21%만이 반드시 혹은 가급적 종교적 목적에 기부금이 활용되기를 희망하였다. 반면에 반드시 혹은 가급적 종교와 무관하게 활용되기를 희망한 사람은 48%에 달했다. 이는 종교적 신념에 의해서 기부를 하였다 하더라도 이것이 곧 종교적 활동에 활용되기를 희망하는 것은 아닌 것을 알 수 있다.

재분배

우리나라 국민의 기부 이유에 대한 설문조사에서 어려운 사람을 돕기 위해서 기부한다는 사람이 40.6%를 차지하였다.8) 이는 연민이나 측은지심 같은 감성적인 접근도 있을 수 있고 사회적 불평등이나 빈곤 문제에 대한 비판적 접근도 포함될 수 있다. 어쨌거나 사회적 약자에 대한 배려와 부의 사회적 재분배에 해당되는 것이다. 부의 양극화 해소를 위해서는 부유세 과세보다 기부가 더 효과적이라는 빌 게이츠의 주장처럼, 기부가 부의 재분배 효과를 가져올 수 있다는 것을 의미한다.

보은

누구를 위해 기부할 것인가를 결정할 때, 많은 사람이 나와 관련이 없어 보이는 대상에게 혜택이 가는 기부를 꺼리기도 한다. 익명성 기부라 하더라도 나와 연관이 있고, 더 두터운 관계 속에 있다고 생각하는 대상과 기부 관계를 맺고 싶어 한다. "우리 주변에도 어려운 사람들이 많은데, 왜 외국 사람을 도와야 하나?", "우리 주변부터 돕고 그 다음에 외국 사람들을 생각해 보겠다"라는 생각을 의외로 많은 사람들이 가지고 있다.

이러한 사람들이 외국 사람을 위한 기부에 참여하게 하는 가장 효과적인 방법은 "우리도 어려웠을 때 도움을 받았는데, 이제 우리가 도와야 하는 거 아닌가요?"라는 질문을 던지는 것이다. 흔히 이러한 논리를 '보은론'이라고 한다. 어쩌면 우리나라 사람들이 독특하게도 많이 가지고 있는 정서라 할 수 있겠다. 특히 도움을 받는 나라에서 주는 나라가 된 것을 세계에서 유일하게 경험한 한국에서 살고 있기 때문이기도 하다.

하지만 보은이란 은혜를 갚을 분명한 대상이 있어야 한다. 보은은 우리가 도움을 받았던 사람이나 기관에게 답례를 해야 하는 것이기 때문이다. 보은이 받은 것을 돌려주는 변제의 의무나 상호성이라고 한다면 실제 도움을 준 사람에게 돌려줘야 마땅하다. 예를 들어 한국전쟁에 참전했던 에티오피아 참전용사를 돕는다면 분명 보은이라 할 수 있다. 그런데 단순히 우리가 도움을 받았으므로 누군가에게 우리도 돌려줘야 한다는 주장이 왜 설득력을 갖게 되는 것일까? 그건 '관계의 확장' 때문이다. 관계의 확장이란 나와 관련이 있다고 생각하는 범위가 확대된다는 뜻이다. 새롭게 형성되는 기부자와 수혜자와의 (보이지 않더라도) 협력관계는 내가 포함되어 있는 공동체를 좀 더 강력한 공동체로 인식하는 계기를 마련해 준다. 더 나아가서 미래에 더 좋은 관계형성에 기여할 것이라는 믿음을 가져온다. 그래서 우리를 도와줬다는 사실을 환기시켜주는 것은, 과거의 관계를 현실 속에서 복원해주고, 희미했던 우리의 경계가 확장되는 효과를 가져다준다. 이러한 공동체 동기는 기부에 있어서 매우 중요한 이유를 제공해준다. 결국 글로벌 시대라는 다소 추상적인 메시지에 사람들은 적극적으로 반응하게 되고, 어려웠던 우리의 과거와 대화를 하게 되는 것이다.

과시적 기부

절대적으로 순수한 기부는 존재할 수 있는 것일까? 절대 순수 기부가 있다 하더라도 그것이 존재하자마자 사라지는 것이라면, 모든 기부 행위는 어떤 식으로든 그 주체가 느끼는 우월감이나 만족감과 떼어놓고 생각하기 어렵다. 또한 기부 수혜자 역시 기부자에 대한 답례의 부담에서 벗어날 수 없다. 극단적인 경우 기부 수혜자가 기부자의 위세에 눌려 그와의 관계에서 항상 굴종적인 태도를 취하는 경우도 있을 수 있다. 우월감이나 만족감은 (수혜자뿐만 아니라) 다른 사람보다 우위에 서고 때로는 권력화 되기도 한다.

이러한 속성을 포틀래치(potlatch)와 비유하여 유사한 특성을 찾아내기도 한다.9) 포틀래치는 '소비한다'라는 뜻을 담고 있는 말로, 고대사회의 많은 부족들 사이에서 보이는 의식이다. 구성원들 간 또는 타 부족과의 위계질서를 잡거나 힘의 우위를 과시하기 위해서 잔치를 벌이고 선물을 주거나 귀중한 물품을 파괴하는 행위를 말하는데, 이에 대해서 초대받은 사람은 더 많은 답례를 하지 못하면 체면을 잃거나 심지어는 노예의 신분이 되기까지 했다고 한다. 기부는 본래 비경제적 행위이지만 기부를 통해 우월감을 과시하는 행위를 통해서 새로운 '생산'이 이루어진다는 것이다.

일반적으로 한국의 대부분의 기업들이 보여주고 있는 '사회공헌' 사업들은 일종의 과시적 낭비이기도 하고 포틀래치 게임을 보여주는 사례로 볼 수 있다. 한국 기업의 사회공헌 포틀래치의 결과는 착한 기업의 이미지라는 새로운 생산물을 가져오기도 하고, 매출 상승에 기여할 수 있고, 정치적, 제도적 보호를 가져오기도 한다.

순수한 기부

순수한 목적이란 나의 이익을 계산하지 않는 완벽한 이타적인 기부를 의미한다. 순수한 목적의 기부가 이루어진다면 그야말로 '고귀한 지출'로 평가한다. 내 손에서 돈이 떠나는 그 순간, 얼마나 순수했느냐의 문제인 것이다.

일반적으로 기부에 대한 철학적인 접근은 인간이 기부를 하게 되는 동기와 그 동기의 순수성에 대한 성찰이 들어있다. 즉, 인간이 기부를 하게 되는 이유, 기부하는 목적에 대한 것에 초점이 맞춰져 있다. 이는 기부를 받는 자(수혜자)보다는 기부자에게 초점이 맞춰져 있다는 의미이다. 어떤 기부가 순수한가라는 것은 기부자가 얼마나 순수한 목적을 가지고 있느냐를 본다는 것이다. 즉, 기부자의 손에서 기부금이 떠나는 그 순간에 얼마나 순수했는지만을 측정하고 있다.

기부의 전체적인 질을 따지고자 할 때는 기부 의도, 기부 방법, 기부 결과를 모두 고려해야 하는데, 기부의 순수성 문제를 따질 때에는 일반적으로 기부 의도만을 고려한다. 그렇기 때문에 기부 결과에 대한 고려와 측정은 일반적으로 거론되지 않는다. 즉, 기부의 결과와는 무관하게 기부의 의도가 순수하면 최상의 기부로 인정받는 것이다. 그러나 기부의 완결성을 위해서는 그 결과 역시 고려해야만 한다.

일곱 가지 얼굴

기부자들은 저마다 다양한 기부목적과 기부동기를 가지고 기부에 참여한다. 앞서 살펴본 다양한 기부동기에 따라 기부결정을 하게 되지만 그 과정에는 모금가의 설득이 개입하는 경우가 많다. 모금가가 다양한 이해를 가지고 있는 예비 기부자들에게 어떻게 다가가는가는 기부가 실현되는데 있어서 매우 중요한 역할을 한다. 그래서 이러한 기부 실현의 가능성을 높이기 위해서 많은 모금 기법들이 소개되기도 하고 이에 대한 구체적인 방법이 제시되기도 한다. 모금가는 우선 기부자가 어떤 참여방식을 선호하는지를 파악하고, 이를 토대로 기부자의 참여를 이끌어 낼 수 있는 방법을 찾아낸다. 즉 모금기관의 미션과 비전을 정확하게 제시해서 예비 기부자들이 이를 선택하도록 하는 것뿐만 아니라 기부자들의 기부목적을 이해하고 그 목적에 따른 접근 방법을 찾아내려고 노력하는 것이다.

기부자는 과연 어떠한 기부 동기와 목적을 갖고 있을까? 그 성향은 또한 어떠한가? 이와 관련된 한 연구[10]에 따르면 기부목적이나 동기는 일곱 가지 유형으로 분류될 수 있으며, 기부목적 중에서 가장 높은 비중을 차지한 것은 소위 '공동체주의자' 유형이고 '신앙인', '투자자' 등의 유형이 그 뒤를 따른다는 것이다. 해당 연구가 제시한 유형을 그 비중 순으로 좀 더 구체적으로 살펴보면 다음과 같다.

공동체주의자

기부는 당연한 일이라고 생각한다. 기부를 통해 자신의 비즈니스에도 많은 도움을 얻을 수 있다고 생각하며, 자선단체에 소속되어 활동하기도 한다. 특히 자신이 거주하는 지역 자선단체를 후원함으로써 스스로 공동체 발전에 기여할 수 있다는 믿음을 가지고 있다(26%).

신앙인

기부는 신의 뜻이라고 생각한다. 이들은 다분히 종교적인 이유로 기부를 하고 자선은 신의 뜻이라 믿는다. 이들의 기부 대상은 대부분 종교단체이고, 상당 부분 자신이 참여하는 종교집단 또는 종교단체에 기부한다(21%).

투자자

기부는 비즈니스라고 생각한다. 이들은 세금이나 재산과 관련하여 특정한 이익을 얻기 위해서 기부를 하고, 이러한 생각을 충분히 배려해주는 단체를 선호한다. 기부에 대한 세금 혜택이 많지 않은 우리나라의 경우에는 이러한 기부가 많지는 않다(15%).

사교가

기부는 즐거운 일이라고 생각한다. 더 좋은 세상을 만드는 데 동참하고, 이를 즐기면서 기부한다. 이들은 네트워크의 일원으로 활동하면서 그 네트워크와 상호작용한다. 사교적인 행사 주최에 많은 관심을 가지고 있지만 비영리단체의 일상적인 운영이나 요청한 활동에는 별 관심이 없다(11%).

보은자

기부는 은혜를 갚는 일이라고 생각한다. 이들은 단체로부터 도움을 받았다가 나중에 기부자가 된 사람들이다. 기부 대상은 본인이 도움을 받았던 학교나 의료기관일 경우가 많다(10%).

이타주의자

기부를 올바른 일이라고 생각한다. 이기심이 없는 기부자에 대한 일반적인 이미지를 현실에서 실현하는 사람이다. 너그럽고 공감 어린 마음으로 도움이 절실한 단체에 기부하고, 겸손한 자세로 자신의 이름을 밝히기 꺼려하는 사람들이다. 이들은 공익단체에 기부를 집중하는 편이며, 단체 내에서 적극적으로 어떤 역할을 차지하는 데에는 관심이 없다(9%).

노블리스

기부는 가문의 전통이라고 생각한다. 일반적으로 유산을 상속받은 사람들이고, 가정교육을 통해 기부 동기가 형성되는 사람들이다. 이들에게 기부란 가족이 항상 이야기하고, 다른 사람들로부터 기대 받는 행동이다. 가장 낮은 비중을 차지하고 있는데, 우리나라의 경우는 더욱 낮을 것으로 보인다(8%).

04
순수한 기부란 무엇인가

기부의 순수성

기부가 옳고, 그 기본 정신에 부합하기 위해서 꼭 필요한 요소로 순수성을 꼽는다. 순수한 의도여야 기부가 가지고 있는 기본적인 취지에 적합하기 때문이다. 그런데 기부는 왜 순수해야 하고 순수하지 않으면 안 되는지에 대해서 생각해 보면, 순수의 기준을 명확히 하기가 어렵다는 것을 발견하게 된다. 또한 기부가 순수하지 않다면 결과에 어떤 문제가 발생하는지도 생각해볼 부분이다. 기부한 돈이나 물품에 영혼이 있는 것도 아니므로, 기부 의도는 기부 결과에 특별한 영향을 미치지 않을 수도 있다는 생각도 가능할 것이다.

순수의 사전적 의미는, 사사로운 욕심이나 못된 생각이 없는 상태를 말한다. 그렇다면 기부에 있어서 사사로운 욕심이란 어느 정도의 욕심이고, 어떤 생각이 좋지 않은 것이라고 말할 수 있는지에 대한 판단은 다양한 시각이 있을 수 있다. 거꾸로 얘기해서 아무런 사사로운 욕심도 없는 기부나 한 치의 못된 생각도 없는 완전무결의 기부가 존재할 수 없다고 볼 수도 있다. 예를 들어, 기부를 통해서 만족을 느낀다거나 즐거움을 느끼는 것이 그 의도에 포함되어 있다면, 잘못된 생각까지는 아닐지라도 사사로운 욕심이라고 할 수도 있을 것이다.

그렇다면 순수의 양에 비례하여 나쁜 결과가 나타나는 것인가. 자신의 명예를 위해서든, 원활한 상거래를 위해 환심을 사기 위해서든, 사소한 자기만족이나 우월감을 과시하기 위해서 기부를 했다고 해도 얼마든지 좋은 기부의 결과를 얻어올 수도 있다.

기부금이나 기부물품 자체에는 도덕성이 존재하는 것이 아니므로, 그것을 어떻게 사용하느냐가 더 중요할 수 있다. 하다못해 기부를 하지 않는 것보다는 순수하지 못한 기부가 더 나은 것이라면 기부에 순수성의 잣대를 들이대어서 기부자를 불편하게 할 필요는 없을 수도 있다.

기부의 의도가 매우 순수하다고 해서, 이 기부는 과연 온전히 순수한 기부가 될 것인지도 생각해볼 부분이다. 예를 들어 참으로 순수한 의도에서 기부를 했지만 정작 기부 수혜자는 이 순수한 기부를 악용하여 결과적으로 사회적 해악이 되었다면, 이 순수한 의도에서의 기부를 좋은 기부라고 할 수는 없다.

이러한 갈등은 크고 작은 경우에 자주 나타나는 현상이다. 대북 인도적 지원이나 국제개발협력 사업의 경우, 군사비로 악용된다는 지적을 하면서 원조나 지원을 멈추는 경우를 우리는 지금도 목격하고 있다. 또한 개인에 대한 후원금이 본래 의도했던 바대로 사용되지 않고 좋지 않은 일에 활용된다면, 우리는 이러한 기부를 계속 착한 기부라고 할 수는 없을 것이고 기부를 중단하려 할 것이다.

이렇게 극단적인 경우가 아니더라도, 또 다른 갈등은 얼마든지 있다. 기부 의도의 순수성이란 것은 기부자의 순수성을 의미하지, 기부 그 자체의 순수성을 보장하지는 못한다. 예를 들어 기부자의 입장에서는 순수하지만, 수혜를 받는 자의 입장에서는 그렇지 않은 경우도 있다. 사실 수혜를 받는 자의 입장에서의 기부의 순수성이란, 자신이 잘 사용할 수 있는, 자신에게 간절한, 자신이 활동하고 싶은 곳에 활용할 수 있는 기부를 의미한다. 즉 기부 과정에서 수혜자의 독립성이 보장된 기부를 말한다. 그렇지 않다면 아무리 순수한 의도에서의 기부라 하더라도 결국 그 결과는 순수하지 못할 수 있다. 수혜자의 입장에서는, 자신의 순수의 수요를 만족시키지 않고, 자신에게 가장 간절하고 자신의 가족에게 꼭 필요한 것을 하지 못하게 하는 강요가 있다면 잘못된 기부가 된다.

그렇기 때문에 기부의 순수성은 두 가지 측면에서 바라봐야 한다. 기부 의도의 순수성과 기부 결과의 순수성이다. 너무 전자에 치우치게 되면 무책임한 결과를 낳을 수 있다. 왜 기부를 하는가의 목적을 가볍게 다룰 수 있기 때문이다.

하지만 일반적으로 기부자의 순수성이 떨어지면 기부 결과의 순수성도 떨어질 가능성이 많아진다. 기부 의도가 분명하고 양보하기 어려울수록 기부 방식이나 기부과정도 혼탁해질 가능성이 높은 것은 당연하다. 그런 점에서 기부자의 기부 의도의 순수성은 매우 중요하다. 그러나 기부자의 순수성에서 그친다면 기부의 완성도는 낮아질 것이고 그 순수성의 의미도 낮아지게 마련이다. 그래서 기부의 순수성을 논할 때는 기부자의 순수성과 기부 결과의 순수성을 동시에 고려해야만 한다.

기부 의도의 순수성

기부 의도가 얼마나 순수한가는 측정하기 곤란하다. 이 순수성에 대한 철학적인 고민을 철학자의 눈을 통해 살펴보기로 하자.[11]

모든 기부는 순수하지 않은 행위라고 보는 모스(Mauss), 모든 기부는 순수해야 하며, 결국 대가가 없는 기부야말로 참다운 의미의 기부라고 보는 바타유(Bataille), 기부는 찰나적으로만 행해질 뿐, 실제로 행해지는 모든 기부는 대가를 요구하는 순수하지 않은 행위인데 기부를 실천하는 많은 사람들이 자신들의 기부 행위에 대해 아무런 대가를 바라지 않는다고 주장할 뿐이라고 보는 데리다(Derrida)의 주장을 담고 있다. 그리고 샤르트르(Sartre)는 기부하는 사람이 자신의 신분을 드러내지 않으면서 하는 기부, 곧 익명의 기부가 가장 실천적인 순수 기부라고 주장한다. 익명의 기부 행위야말로 대가성 여부와 순수성 여부를 해결하는 유력한 방책이 된다는 것이다.

샤르트르가 생각하는 기부는, 단순히 누군가가 무언가를 다른 누구에게 주는 행위가 아니라, 기부자와 기부 수혜자 사이에 일어나는 기묘한 심리적 줄다리기, 가령 우월감과 열등감, 권리와 의무, 지배와 굴종, 승리와 패배 등의 요소들이 폭넓게 작용하는 행위이다.

기부는 일상생활에서 실제로 많이 행해지고 있고, 또한 우리가 몸담고 있는 사회의 도덕지수와 우리 각자의 윤리지수를 높일 수 있는 중요한 계기이다. 이러한 기부가 바람직하게 이루어지기 위해서는, 기부하는 사람이 자신의 신분을 드러내지 않으면서 하는 기부, 곧 익명의 기부 방식이 필요하다고 보았다.

착한 기부, 나쁜 기부

그 이유는 우리의 일상생활에서 이루어지는 기부 가운데서는 이와 같은 익명의 기부가 이른바 기부 행위에 배어있는 독성(毒性)을 최소화할 수 있기 때문이다. 기부에 배어있는 독성이란 기부 행위의 주체인 기부자가 기부 수혜자에 대해 느끼는 우월감과, 역으로 기부 수혜자가 기부자에게 느끼는 답례의 의무라고 보았다.

이렇듯 샤르트르가 가장 역점을 두었던 것은 기부 행위에 포함되어 있는 독성을 약화시키는 것이었고, 그 핵심은 기부자의 이름(nom)을 빼는 일이었다. 기부자로 하여금 자신의 신분을 드러내지 않은 상태, 즉 익명(anonymat)의 상태에서 기부 행위를 하도록 하는 것이었다. 기부 행위에 포함된 독성을 약화시키는 과정은 다음과 같은 두 단계로 구성된다.

첫 번째 단계는 기부에 참여하는 두 당사자인 기부자와 기부 수혜자의 주체성을 서로 인정하는 단계이다. 실제로 사르트르는 『도덕을 위한 노트』에서, 기부는 나와 타자에 의해 이루어지는 주체성에 대한 '인정의 상호성'을 전제로 하고 있다고 한다. 두 번째 단계는 기부 행위에서 기부자의 주체성을 제거하는 단계이다. 이 단계에서 기부자는 자신의 신분을 드러내지 않은 상태, 곧 익명의 상태에서 기부 행위를 수행하게 된다.

사르트르가 제시한 익명기부는 경제적 교환으로서의 기부 행위와 순수한 기부 행위 사이의 대립을 극복하는 대안이며, 사회의 도덕지수와 구성원 각자의 윤리지수를 고양시키는 기부문화의 진흥과 장려에서 절대로 빼놓을 수 없는 조건이다.

기부 의도의 순수성에 대한 좀 더 구체적인 내용을 살펴보겠다. 사실 기부자는 기부 수혜자에게 무언가를 주면서 바타유가 바라는 것과 같은 순수 기부 행위를 실천하는 상태에 있을 수 없다.

순수한 기부란 무엇인가

다시 말해 데리다의 주장처럼 순수 기부는 찰나적으로만 나타났다가 시간과 더불어 사라지는 운명을 가지고 있다. 결국 찰나적으로 나타나는 순수한 기부 행위를 제외한 모든 기부 행위는 다음과 같은 두 가지 사실에 의해 제한된다고 할 수 있다.

첫 번째, 모든 기부자는 기부를 했다는 사실에서 자기만족, 보람, 뿌듯함, 나아가서는 명예와 우월감 같은 감정을 느끼지 않을 수 없다. 과연 기부 행위를 실천에 옮기면서 이와 같은 느낌조차 갖지 않는 기부자가 이 세상에 있을까? 두 번째 사실은 모든 기부 수혜자 역시 기부를 받으면서 그에 대한 감사의 마음, 답례를 해야겠다는 마음 등을 가지게 된다. 남이 주는 것을 받으면서 이와 같은 마음을 전혀 갖지 않는 사람이 있을까? 결국 데리다가 지적한 것처럼 모든 기부 행위에는 순수한 기부 행위와 경제적 교환이 병존한다.

그런데 사르트르에게서 볼 수 있는 익명기부가 바로 이와 같은 병존을 일상적이고 구체적으로 실천하는 형태가 될 듯하다. 또한 이 익명기부는 현실적으로 한 사회의 도덕지수와 그 구성원 각자의 윤리지수를 끌어올릴 수 있는 기부문화의 창달에도 큰 역할을 할 것이다. 다시 말해 한 사회의 기부문화가 꽃피고, 그 결과 사회의 도덕지수, 사회 구성원들의 윤리지수가 높아지려면 기부 행위가 빈번하게 이루어져야 한다. 그런데 기부를 실천하면서 이 행위의 주체인 기부자가 자기만족, 보람, 뿌듯함, 명예와 우월감 등의 감정을 느끼는 것조차 금한다면 결국 기부 행위는 현실적으로 불가능해질 것이다. 또한 기부 수혜자가 기부자에 대해 감사의 마음이나 답례의 부담감 등을 전혀 느끼지 않는다면, 그 역시 바람직한 태도는 아닐 것이다.

착한 기부, 나쁜 기부

그렇다면 이제 기부가 효과적으로 행해지기 위한 유력한 길을 제시할 수 있을 것 같다. 우선 기부자는 기부를 실천에 옮기면서 나름의 보람을 느낄 수 있어야 한다. 만약 그렇지 못한다면 기부에 관련된 모든 논의는 기부자에게 너무 가혹하다. 이와 같은 보람을 '익명의 보람'이라고 부를 수 있다. 물론 기부자가 기부를 하면서 기부 수혜자의 주체성을 파괴하는 것은 피해야 한다. 또한 기부 수혜자에게 지나친 답례의 의무를 지우는 것도 피해야 한다. 이 두 가지를 동시에 실현하면서 기부를 하려면 기부자는 어떻게 해야 할까? 답은 한 가지다. 기부자가 자신의 이름, 신분을 밝히지 않은 상태에서 기부를 하는 것이다. 그것이 실행될 때 기부자는 뿌듯함을 맛보면서도 기부 수혜자에게 답례의 의무를 지우지 않을 수 있다.

 마찬가지로 기부 수혜자 역시 무언가를 받으면서 기부자에게 감사의 뜻이나 답례의 의무를 전혀 느끼지 않는 비인간적인 태도를 버려야 한다. 또한 모든 것을 답례나 의무로 계산하여 기부자에게 받은 것보다 더 가치 있는 것, 더 많은 것을 되돌려줌으로써 극단적인 적대 관계를 만드는 것도 피해야 한다. 기부 수혜자는 기부 행위의 주체인 기부자에게 최소한의 감사, 답례의 부담만을 느끼면 된다. 물론 기부 수혜자는 이러한 마음을 가짐으로써 기부자의 주체성 등을 항상 인정하는 입장에 서게 될 것이다. 하지만 기부자의 신분을 모르기 때문에, 답례의 의무에서 완전히는 아니더라도, 부분적으로나마 벗어날 수 있다. 또한 기부 수혜자가 이러한 답례의 부담감으로 인해, 다른 기회에 기부자가 되어 다른 사람에게 무언가를 주는 입장을 취하거나 혹은 반드시 그래야 하겠다는 결심을 하는 경우, 그가 속한 사회의 도덕지수, 그리고 그 구성원 각자의 윤리지수는 그만큼 높아질 것이다. 요컨대 기부의 '익명성'은 기부에서 독성을 약화시키고, 그렇게 함으로써 기부를 도덕적이고 윤리적인 행위로 고양시키는 가장 현실적이면서도 효율적인 수단이 될 것이다.

이렇듯 추상적인 기부 의도의 순수성은 구체적인 방법을 통해 실현되어야 한다. 다시 말해서 기부 의도 순수성을 지키기 위해서는 익명의 기부와 무보답이 전제되어야 한다는 뜻이다. 기부자가 누구인지 밝히지는 않지만, 익명의 보람 즉 기부를 통해 느껴지는 기쁨은 어느 정도 허용해야 하고, 거기에는 대가를 바라서는 안 된다는 것이다. 편지를 써야 한다거나, 사진을 보내주어야 한다거나 하는 강요된 보답이 있어서는 안 된다. 이러한 순수성은 기부자의 기부 의도에 맞춰진 순수성이다. 하지만 기부의 목적은 기부금이나 기부물품을 전달하는 데에만 있는 것이 아니라, 수혜자의 행복을 증진시키는 데 실질적으로 기여를 하는 것이다. 수혜자의 입장이 고려되지 않는다면 자기만족적인 기부에 빠질 위험이 있고, 기부가 순수하지만 무의미한 행위가 될 수 있다. 기부의 목표는 수혜자의 긍정적인 변화이고 궁극적으로는 인도주의적인 연대이다.

다만 익명성이 기부의 순수성의 조건이 되기 위해서는, 익명의 기부가 일상적으로 가능할 수 있는 여건이어야 한다. 교통 통신 등이 발달되지 않은 경우에 익명의 기부가 지금처럼 의지대로 가능하지 않았던 시대에는, 즉 규정할 수 있는 공동체의 범위가 좁았던 시대에는 기부의 순수성은 다른 기준이 필요할 수 있을 것이다. 이 경우 익명성보다는 상호인정이나 상호연대의 기준이 기부자의 순수성을 평가하는 기준이 되어야 했을 것이다. 즉 이러한 기부의 상호성이 기부의 진정성의 잣대가 될 수 있을 것이다. 생활공간은 제한적이고, 또 그 안에서 제한된 이웃과의 접촉이 빈번하고 밀접할뿐더러 그 접촉은 지속적이었다면 익명의 의미는 축소되었을 것이다. 익명성의 의미를 얼마나 이타적인지를 갈음하는 잣대로서 본다면, 개별적 관계가 인간관계에서의 비중이 절대적으로 높은 상황에서는 그 의미가 축소될 수밖에 없다. 그래서 개별적 관계에 놓여있는 대상에게 기부하는 것 중에서 공동체 강화에 기여하는 정도에 따라서 기부의 순수성을 갈음하는 것이 더 정확할 것이고, 이는 상호인정과 상호연대에 기반했는지의 여부를 판단하는 것으로 볼 수 있을 것이다.

기부 결과의 순수성

앞서 살펴본 대로 기부 의도의 순수성은 기부자의 익명성과 수혜자의 무보답성을 기준으로 접근할 수 있다. 하지만 이러한 익명성과 무보답성이 항상 완성도 높은 기부 그리고 순수한 기부 의도에 걸맞은 순수한 기부 결과를 가져오는 것은 아니다. 왜냐하면 기부자와 수혜자의 사이에 위치한 대리 기관이 기부를 전달하는 과정과 그에 따른 결과에 있어서 왜곡이 발생할 수 있기 때문이다.

 기부의 최종적인 목적은 수혜자의 행복이며 연대의 확장이다. 그렇기에 이러한 목적이 완벽하게 달성되었을 때, 우리는 순수한 기부 결과가 나타났다고 말할 수 있다. 결국, 기부 결과의 순수성은 수혜자가 커뮤니티 안에서 주체성을 가지고 더욱 행복해졌는가를 기준으로 접근해야 하는 것이다.

순수한 기부란 무엇인가

기부 의도의 순수성이 기부 결과로 이어지지 않듯이 기부자가 기부를 통해 얻는 만족감이나 증진된 행복 역시 그대로 수혜자에 전달되는 것은 아니다. 기부 전달과정에서 좋은 방법과 전문성이 개입되지 않는다면 기부자의 기대와 다른 결과가 나올 수 있다.

다시 말해, 기부는 기부자의 자기만족이나 도덕성을 통해서만 평가되어서는 안 된다. 기부의 가장 상위의 목표는 수혜자의 긍정적인 변화이지, 기부금이나 기부물품을 전달하는 행위 자체가 목표가 될 수는 없다. 물론 수혜자의 긍정적인 변화에 대해서 기부자가 모든 것을 책임질 수 있는 것은 아니지만, 적어도 구조적으로 수혜자의 긍정적 변화 가능성이 높은 방향으로 이루어져야 한다. 최소한 수혜자가 공동체 생활을 하는데 있어서 좋지 않은 결과가 충분히 예측되는데도 이를 무시하는 기부가 이루어진다거나, 수혜자 이외의 사람들에게 부정적 영향을 미쳐서 좋지 않은 결과를 가져온다거나 해서는 안 될 것이다.

순수한 의도 이후의 왜곡은 주로 두 가지 형태로 나타난다. 첫 번째는 기부 과정의 투명성과 전문성이다. 투명성의 경우 기부자가 매우 민감하게 반응하는 부분이다. 대리 기관의 투명성은 기본 정보공개 성실성, 재무보고서 접근성, 재무현황 요약표, 이사회 정보, 감사 정보 등이 기부자나 예비 기부자에게 얼마나 잘 전달되는지를 확인하여 측정한다. 이중 중요하게 다뤄지는 것은 기부금 사용내역(세부 기부 사업별)과 기부금 사용처(시설, 단체, 개인)이다.

아름다운재단의 기부에 대한 대국민 인식조사인 '기빙코리아 2016' 결과에 의하면, 기부자들은 대리 기관을 선정하는데 있어서 기관의 투명성과 신뢰성을 가장 중요한 요소로 생각하는 것으로 나타났다. 기부 참여를 확대하기 위해 어떤 점이 개선돼야 할지에

대표적인 대리 기관인 NGO는 기부 효과를 극대화하기 위한 다양한 노력을 기울여야 기부자의 의도에 호응할 수 있다. 그러기 위해서는 전문성 확보를 위한 노력도 게을리해서는 안 된다. (사진: 메디피스 한-중앙아시아 보건의료 협력 포럼, 2013. 촬영: 메디피스)

대해서는 일반 시민의 58.6%가 투명성 강화를 지적했다. 반면에 기부를 하지 않는 이유를 메디피스가 2013년에 조사한 바에 따르면, 기부 자체에 관심이 없거나 기부할 기회가 없었던 사람을 제외하고 경제적 여력이 없는 것이 가장 큰 비중을 차지했고 대리 기관을 신뢰할 수 없기 때문이라는 의견은 14.1%의 비중을 차지했다. 중요한 것은 지금은 기부에 참여하고 있지 않지만 언젠가 기부를 할 의향이 있는 사람 중에 경제적인 이유보다는 대리 기관의 신뢰성에 회의적인 사람이 더 많다는 것이다. 이는 기부 포기 이유에 있어서 신뢰성의 부족이 중요한 요인이 되고 있다는 것을 보여준다. 이러한 조사 결과를 보면 기부자들은 대리 기관의 투명성에 문제가 있다고 보고 있으며, 이로 인해 기부 효과의 왜곡이 발생하고 있다고 판단하고 있는 것 같다.

그 다음으로 전문성에 관한 부분은 그 중요성에 비해서 기부자의 관심을 많이 받고 있지는 않다. 크게 보면 대리 기관의 투명성에는 기부 효과의 공개가 매우 중요하지만, 주로 관심이 회계와

순수한 기부란 무엇인가

경영에 집중되어 있고 실제 기부 결과에 대한 관심은 많지 않다. 극단적으로 수혜자에 전달되는 기부 효과는 매우 저조하더라도 현실적으로 이러한 사실이 기부자에게 전달되지 않는다는 것이다. 사용된 금액의 분포와 회계 상 정확성은 기부의 효과와 반드시 일치하는 것은 아님에도 불구하고 기부자 역시 이러한 기부 효과 및 기부 결과에 큰 관심을 갖지 않고 있다. 실제로 많은 대리 기관이 훌륭한 역량을 갖추고 뛰어난 기부 효과를 얻어내고 있지만 정작 기부자의 관심 밖에 있는 경우도 많다. 하지만 수혜자의 행복 증진이라는 순수한 기부 결과를 얻기 위해서는 대리 기관의 전문성은 필수적인 요소이다. 대리 기관이 기부 효과를 극대화하기 위한 접근 방법 등에 대한 기부자들의 관심이 필요한 이유이다.

두 번째는 기부자의 대리 기관의 실천 철학 및 활동에 대한 무관심이다. 앞서 서술한 아름다운재단의 조사에 따르면, 기부자들이 대리 기관을 선택하는데 있어서 대리 기관의 활동 분야나 수혜자에 대한 관심이 주요 이유인 비중은 27.1%이었다. 이는 대리 기관을 선택하는 두 번째 주요 이유에 해당한다. 상대적으로 높은 비중을 차지하기는 하지만 기부의 목적을 고려할 때 그 중요성에 비해 높은 관심을 가지고 있다고 보기는 어렵다.

실제로 메디피스가 2013년에 조사한 바에 따르면,[12] 기부자 중 최근 1년 동안 대리 기관의 홈페이지를 한 번도 방문하지 않은 사람이 51.6%에 달했다. 이러한 무관심은 기부 효과를 낮추게 될 것이고, 결과적으로 기부의 순수성을 왜곡시키는 원인이 될 수 있을 것이다. 순수한 기부 의도와는 다르게 순수하지 못한 기부 결과가 나타날 수 있다. 그렇기에 순수한 기부 결과를 얻고자 한다면 순수한 기부 의도에서 멈추는 것이 아니라 그 결과에 대한 책임감 있는 접근이 필요하다.

　신영복은 머리 좋은 것이 마음 좋은 것만 못하고, 마음 좋은 것이 손 좋은 것만 못하고, 손 좋은 것이 발 좋은 것만 못하다고 하였다.13) 관찰보다는 애정이, 애정보다는 실천적 연대가, 실천적 연대보다는 입장의 동일함이 더욱 중요하고, 입장의 동일함 그것은 관계의 최고 형태라는 것이다. 이는 공감을 의미하고 기부자의 순수의도 못지않게 수혜자의 입장에서도 순수한 기부가 되어야 한다는 것을 의미한다.

　기부는 일방향의 행위가 아니라 쌍방향의 교류이고, 목적 자체는 동일함을 지향해야 한다. 기부 의도의 측면에서만 바라보는 순수성은 사르트르가 말한 기부의 독성이 가득한 행위에 지나지 않을 가능성을 배제할 수 없다.

　순수한 기부 결과를 기대하기 위해서는 수혜자의 사회적 관계망을 살펴보는 것부터 시작해야 한다. 기부자나 수혜자나 모두가 자신이 살고 있는 커뮤니티의 관계 안에 존재한다. 수혜자 개인을 따로 떼어놓고 기부자와의 관계를 설정하게 되면, 수혜자는 생활 속에서 다양한 충돌을 경험할 수 있다. 예를 들어 한 마을에 거주하고 있는 아동에게 생활비와 교육비를 지원하고, 이 아이를 기부자의 자식으로 여긴다면, 기부는 커뮤니티에서 아이를 꺼내오는 결과가 된다. 꺼내어진 후에 새로운 커뮤니티에 소속된다면 문제는 덜 생기겠으나, 아이는 여전히 자신이 살고 있는 마을에 있고, 상상의 커뮤니티가 새로 하나 주어졌을 뿐이어서 문제가 될 수 있다. 이렇듯 집단으로부터 개인을 이탈시키는 기부 결과는 다양하게 있을 수 있다. 어쨌든 그 결과는 수혜자로 하여금 긍정적인 변화를 기대하기란 어려울 것이다. 이와 같은 우를 범하지 않는 좋은 방법은 수혜자를 개인 중심으로 바라보지 말고 커뮤니티를 중심으로 바라보는 방법이 있다. 각각의 커뮤니티는 나름의 문화가 있고, 서로간의 연대의 방식들이 있다. 이러한 시스템에 의해서 적절한 수혜 그룹들이 형성되어지면 커뮤니티를 강화하면서 의도했던 기부 효과를 가져올 수 있다.

순수한 기부 결과를 위해서 두 번째 주의를 기울일 것은, 기부자가 주고 싶은 것이 아니라 수혜자가 필요한 것을 제공하는 것이다. 이 과정에서 중요한 것은 정확하게 받고 싶은 것이 무엇인지를 파악하는 것이다. 메디피스는 지원 사업을 실행하기에 앞서서 지역사회 내의 이해관계자들과 워크숍을 자주 개최하려고 노력한다. 우리가 구상했던 콘텐츠들이 현실에 맞는지 확인하기 위한 것이기도 하지만, 어떨 때는 구체적인 콘텐츠 자체를 미리 구상하지 않고 이를 지역사회에 요청하기 위해서다. 언제나 그러한 워크숍에서 주장을 하고 제안을 하는 것은 현지 주민들과 이해관계자들의 몫이다. 메디피스는 요청되어진 것들 중에서 우리가 할 수 있는 일들을 추려 모아서 실행하면 된다. 수혜자들이 받고 싶어 하는 것은 그들이 평상시에 적절하게 생활하고, 지금보다 조금 나아진 상황을 꿈꾸는 것들일 가능성이 높다.

이렇게 기부의 결과까지 순수하게 되면 완벽히 좋은 기부가 되는 것이다. 하지만 기부의 결과가 순수하게 되도록 하는 것은 기부자의 몫도 있지만 대리 기관의 역할이 결정적이다. 해외는 물론이고 국내에서도 이러한 수혜자의 정확한 요구를 기부자가 직접 파악하는 것은 대부분 불가능하기 때문이다. 기부의 독성을 낮추기 위해서도 좋은 대리 기관을 만나는 것은 중요하다. 특히 기부자가 직접 수혜자에게 기부하는 것은 많은 독성으로부터 노출될

수혜그룹은 우리의 동료이자 연대의 대상이다. 기부의 최종 실현은 현장에서 이루어지게 되고, 이 과정에서 수혜그룹은 소외되어서는 안 된다. 때로는 사진에서와 같이 수요조사를 현지 동료 인력이 참여해서 그들의 문화적 특성이 충분히 고려되고 현실적인 문제에 대한 공감의 폭을 최대한 높이는 것이 좋다. (사진: 메디피스 필리핀 일로일로 사업 현장, 2013. 촬영: 한승연 작가)

가능성이 높기 때문에 더더욱 좋은 대리 기관을 만나는 것이 중요하다.

대리 기관은 이러한 위험으로부터 기부자를 지켜내고, 수혜자에게 긍정적인 변화를 줄 수 있는 것을 찾아내는 일을 한다. 대표적인 대리 기관은 NGO이다. 대리 기관의 선정은 기부자의 입장에서는 역시 어려운 과제가 될 수 있고 좋은 대리 기관이 어떤 곳인지 기준을 정하는 것도 쉽지 않다.

하지만 먼저 대리 기관의 선정이 나의 기부과정에 있어서 얼마나 중요한 것인지를 인지하는 것이 중요하다. 자세한 내용은 제Ⅳ부 "착한기부를 위하여"에서 서술하기로 하고, 여기서는 핵심적인 내용만을 다루도록 하겠다.

무엇보다 먼저, 기부하기에 앞서 나는 왜 기부하는가를 생각해 볼 필요가 있다. 즉, 기부를 함으로써 기대하는 기부 결과가 무엇인지를 확인하는 작업이 필요하다. 이 작업을 마치면 내가 선택할 대리 기관의 그룹이 정해진다. 인권단체, 의료단체, 환경보호단체 등을 그 예로 들 수 있을 것이다.

두 번째는 좋은 기부 결과를 가져다줄 기관을 선별하는 것이다. 하지만 대리 기관의 역량이 어느 정도인지를 정확하게 판단하는 것은 무척 까다롭고 어려운 일이 될 수 있다. 그렇기에 좀 더 쉬운 방법은 대리 기관의 기본적인 원칙을 파악하고 그 원칙을 제대로 지키고 있는지 탐색해보는 것이다. 기부자의 소중한 기부금을 수혜자에게 전달함에 있어 대리 기관이 지켜야 할 가장 중요한 원칙으로는 행복의 원칙, 연대의 원칙, 커뮤니티의 원칙, 투명성의 원칙, 전문성의 원칙을 들 수 있다. 기부자들은 대리 기관을 선정하기에 앞서 이러한 작업들을 한다면, 그들의 순수한 기부 의도에 걸맞은 순수한 기부 결과를 얻을 수 있을 것이다.

05
순수하지 않은 기부란 무엇인가

키다리 아저씨 기부문화

인터넷 상에서 기부 방법 문의에 대한 답변을 살펴보면, 참 많은 사람들이 일대일아동결연 기부를 마치 기부 방식의 유일한 방법인 양 인식하고 있음을 느낄 수 있다. 지금 한국 사회의 기부문화는 키다리 아저씨 문화라 해도 과언이 아니다. 실제로 앞서 언급했듯이, 몇몇 조사 결과 아동결연의 비중이 전체 사업비 중에서 월등히 높다는 보고가 있다.

한 유명 배우가 아프리카 아이들에게 전할 편지지를 접는 모습으로 시작한 어떤 TV 프로그램을 시청한 후, 수천 명의 정기 기부자들이 일대일아동결연 기부에 새롭게 참여하게 되었다고 해서 화제가 된 적이 있다. 일대일아동결연사업에 수억 원의 후원금이 모금되었고 향후 누적될 금액을 생각해보면 아마도 수십 억 원에 육박하는 모금액이 마련되었을 것이다. 이처럼 일대일아동결연이 사람들로 하여금 흥분하게 하는 이유는 무엇일까?

『키다리 아저씨』는 1912년에 출판한 J. 웹스터의 아동문학 작품이다. 당시 사회적으로 가장 약자로 볼 수 있는 고아인 어린 여자아이가 성인이 되어가는 시기에 헌신적인 기부자(trustee)를 만나고 서로 사랑하게 되어 수평적 관계로 이어지는 아름다운 휴먼 드라마이자 러브스토리다.

고아인 주인공 주디는 자신을 돕는 사람이 누구인지 모른 채, 어느 날 갑작스러운 도움을 받게 된다. 단지 어렴풋이 목격한 남성의 모습이 거미와 닮았다 하여, 책의 제목인 키다리 아저씨(Daddy long legs)라 별명을 붙여 불렀을 뿐이다. 고등학교를 졸업한 주디는 당연히 고아원을 떠나야 했지만, 허드렛일을 도와주는 대가로 고아원에 좀 더 머물 수 있었다. 자신이 가지고 있는 자질이 무엇인지 모르고 미래가 잘 보이지 않았던 주디는, 매달 한 번씩 기부자들이 고아원을 찾아오는 첫 번째 수요일이 싫을 뿐이었다. 하지만 주디는 매우 명랑하고 문학에 소질이 많은 소녀였다. 어느 날 그녀가 쓴 에세이 한 편을 읽은 키다리 아저씨는 그녀의 미래에 대해서 확신을 하고 문학을 전공할 것을 전제로 그녀의 장학금과 생활비를 지원하기로 결정한다. 주디는 키다리 아저씨가 누구인지 알 수 없었으나, 키다리 아저씨는 주디의 능력에 대해서 많은 이해를 가지고 있었다.

이야기 속의 키다리 아저씨의 기부 의도는 장래가 밝은 어린 소녀에게 꿈과 희망을 주기 위한 것처럼 보인다. 그런데 왜 키다리 아저씨는 자신의 존재를 애써 감추었을까?

키다리 아저씨는 주디의 상황에 대하여 대부분 정확하고 옳은 판단을 하기 위해서 노력했고, 주디가 어른으로 잘 성장할 수 있도록 모든 배려를 아끼지 않았다. 그의 존재를 밝히지 않았지만 자신이 수신인이 되어 그녀의 편지를 정기적으로 요청하였다. 그리고 그녀의 생활 안으로 들어가 그녀를 지속적으로 모니터링하였다. 신비로운 키다리 아저씨는 주디가 좋은 감정을 가질 수 있도록 상황을 만들어갔고 또 그녀의 반응을 체크했다.

처음 기부가 시작되었을 때, 몇 가지 전제가 뒤따랐다. 대학에 가야 했으며, 문학을 전공해야 했고, 무엇보다도 수혜자는 주디여야 했다. 주디가 만약 이를 수용하지 않았다면, 키다리 아저씨의 기부는 성사되지 않았을 것이다. 결국 강력한 능력을 가진 키다리 아저씨와 세상에서 가장 약자에 놓여 있는 주디 사이의 기울어진 기부의 익명성은 결혼이라는 드라마틱한 상황을 연출했다. 기부의 결과는 둘 간의 결혼이 된 것이다.

이 둘을 연결시켜준 것은 장학금과 생활비였다. 주디의 방학은 키다리 아저씨가 짜놓은 프로그램으로 진행되지만 그녀는 그 사실을 몰랐다. 하지만 그 방학 프로그램은 항상 옳고 주디에게 기쁨을 준다. 주디 역시 키다리 아저씨가 기획했던 바대로 대체로 역할을 잘 수행했다. 기부로 인한 갈등은 거의 없고 인간이 가질 수 있는 최고의 감정, 사랑에 빠졌다. 이 환상적인 기부 스토리에 기부자들은 환호하고, 키다리 아저씨의 신화를 닮고 싶어 한다. 100년 만에 부활한 키다리 아저씨는 J. 웹스터가 아닌 한국의 엄마 아빠들에 의해서 다시 쓰이고 있다. 수많은 한국의 가정에는 주디의 사진들이 아이들의 책상 위에, 거실 수납장에, 냉장고 문에 놓여 있다.

소설 속의 착한 키다리 아저씨의 기부는 많은 사람들로 하여금 기부의지가 커지게 만들었고 약자를 보호해야 한다는 사회의식도 키워주었을 것이다. 특히 어린 아이들에게는 어른으로써 좋은 귀감을 보여주고 있다. 하지만 키다리 아저씨의 기부가 가지고 있는 약점도 있다.

순수하지 않은 기부란 무엇인가

우선 서로 기부를 통해 맺어진 관계인 키다리 아저씨와 주디가 수평적인 관계에 놓여있는지 확인할 필요가 있다. 문학을 전공과목으로 선택하게 된 과정에서 주디의 판단은 개입되지 않았고 주디의 문학적 소양을 평가한 키다리 아저씨의 바람만이 유일하게 개입되었다. 주디의 입장에서는 언제 고아원을 떠나야할지 모르고 당장 어떻게 생활을 이어가야 할지 모르는 상황에서 대학에 입학할 수 있는 기회는 유일한 선택이었을 것이다. 이러한 기회를 제공받는 것 자체로 주디는 행복을 얻은 것으로 여겨진다. 하지만 주디의 장래에 대해서 스스로 판단할 기회를 제공할 수는 없었을까? 문학을 공부하는 것보다 주디에게 더 좋은 기회가 있지 않았을까? 인도주의적인 활동을 진행할 때 가장 먼저 실시하는 것은 수요조사이다. 수혜자에게 무엇이 필요하고 이를 어떻게 제공하는 것이 가장 효율적인 방법인지 탐구하는 과정이다. 키다리 아저씨의 유일한 수요조사는 주디의 역량에 대한 탐구였을 뿐 주디의 마음과 의지는 고려되지 않았다.

키다리 아저씨는 주디에게 많은 기부금을 전달했다. 왜 주디에게 그러한 많은 비용을 지불했어야 했는지도 생각해볼 문제이다. 물론 기부금이 제공되지 않은 것보다는 상황이 훨씬 나아졌겠지만, 더욱더 효율적인 방법은 없었을까? 도움을 필요로 하는 사람은 비단 주디만이 아니었을 것이고, 더 많은 사람들에게 기부함으로써 더 나은 기부 효과를 얻을 수 있었을 지도 모른다. 또한, 장학금이 아닌 다른 용도로 활용될 수도 있다. 선택된 주디 외의 아이들은 부러움과 시샘을 느낄 수도 있고, 갑자기 찾아올 행운을 기대할 수도 있다. 주디처럼 선택받는 인생을 꿈꾸고 누군가가 자신을 지금의 어려움으로부터 탈출시켜주어야 한다고 생각할 수도 있다.

키다리 아저씨가 주디를 선택한 이유는 주디의 문학에 대한 자질이었다. 다시 말하면 미래가 촉망되는 젊은이라는 것이 선택의 이유이다. 주디가 이 특정 부분에 대한 자질을 가지고 있지 않았거나 가지고 있더라도 발견되지 않았다면 선택받지 못했을 것이다. 그런데 선택에도 다양한 이유가 있을 것인데, 그 선택의 근거는 온전히 선택하는 사람의 몫이었을 뿐 선택받는 사람의 의지는 전혀 개입되지 않았다. 때로는 주디의 선택받음을 부당하게 느끼는 사람도 있을 수 있다. 이렇게 부당하다고 느끼는 사람에게 주디가 받고 있는 기부는 좋은 모습으로 비춰지지 않고 부조리로 느끼질 수도 있다.

다음은 주디의 편지에 대해서 생각해보자. 주디의 의무적인 편지쓰기는 키다리 아저씨가 기부의 조건으로 제시한 것 중의 하나이다. 이것을 거절하면 기부가 이루어지지 않는다는 생각에 주디는 거부할 수 없었을 것이다. 간혹 편지를 쓰지 못하는 상황이나 언짢아서 일부러 쓰지 않는 경우에는 크든 작든 죄책감을 느껴야 했다. 필자가 초등학교를 다니던 시절에는 국군장병들에게 의무적으로 감사편지를 써야 했었다. 이 편지쓰기를 통해서 나라를 지키기 위해서 희생하는 국군장병들에게 감사하는 마음을 키우고 보국의 의무를 깨닫는 데 도움이 되었겠지만, 강요된 감사 인사가 부당하다는 생각을 떨칠 수 없었다.

마지막으로 한 가지 더 언급하고 싶은 것은, 주디의 생활에 개입했다는 점이다. 키다리 아저씨는 장막 뒤에 숨어서 주디의 생활을 모니터링하고 자신과 연결하였으며, 주디의 감정을 유도했다. 기부의 과정에서 사랑이 싹트지 말라는 법은 없지만, 기부가 도구로 작동되어서는 안 될 것이다.

순수하지 않은 기부란 무엇인가

왜곡된 기부 의도

기부자는 자기 나름의 기부 의도를 가지고 기부 행위를 하게 된다. 나의 기부가 낳을 결과를 예측하는 것이 바로 기부 의도이다. 그러나 기부자는 기부 의도 단계에서 또한 실수를 할 수도 있다. 예를 들자면 의도 자체가 자신의 명예를 높이기 위한 것이라든가, 돈으로 환산할 수 없는 기부 효과를 자기 것으로 만들려고 하는 것이다. 일반적으로 기업이 이러한 기부 왜곡을 가장 많이 저지른다. 그뿐 아니라 선한 의지라 하더라도 이러한 기부 의도가 뒤틀려 있을 수도 있다. 예를 들어 상대방의 불필요한 개인 정보를 요청하거나 사진이나 편지를 요구하는 키다리 아저씨 흉내 내기는 대리 기관이 정확한 활동을 하는 데 방해가 되거나, 수혜자의 인권적인 문제를 야기할 수도 있다.

  실제로 대리 기관들은 기부자의 기부 의도로 인하여 많은 고통을 느끼기도 한다. 메디피스의 경우 보건의료 분야에서 활동하기 때문에, 수혜자가 해당 지역의 의료기관일 경우가 많다. 의료기관은 직접적인 수혜자이기도 하지만 해당 지역사회에서 함께 보건의료 사업을 수행하는 실행 파트너이기도 하다. 간혹 기부자는 이러한 의료기관에 기부의 징표를 남겨줄 것을 요청하는 경우가 있다. 그러나 해당 의료기관은 메디피스의 소유가 아니라, 메디피스뿐 아니라 다양한 기부자들과의 협력을 통해서 만들어져 왔고 앞으로도 그렇게 할 것이다. 수혜자들의 자발적인 의지가 아니라면 그러한 요청은 상호간의 불편함을 남기게 될 것이고 다른 기부자들에게도 좋은 인상을 줄 수 없다. 기부자의 기부 의도가 수정되지 않으면 메디피스는 그러한 기부를 거절할 수밖에 없을 것이다.

과거 메디피스에서 연해주 고려인 노인계층의 건강관리를 위해 우수리스크 고려인문화센터 내에 설치되었던 클리닉을 지원하는 사업을 진행한 적이 있다. 클리닉이 정상적으로 운영되고 이를 통해 얻게 되는 수익으로 방문 진료를 실시한다는 기본 계획을 가지고 있었다. 더 이상의 외부의 지원이 없어도 지속적으로 이 사업을 실행할 수 있도록 디자인한 것이다. 하지만 클리닉은 수익을 만들어 내지 못한 채 수년을 지속하고 있었고, 그 원인은 클리닉의 의료진이 경쟁력을 갖추지 못하고 있었기 때문이었다. 수혜 기관인 클리닉의 운영진은 이 문제를 해결할 수 있도록 운영경비 지원을 지속적으로 요청해 왔다. 하지만 운영경비를 마련하는 데는 많은 한계가 있었다. 기부자들은 기부금이 운영경비로 활용되는 것을 꺼렸고, 의료기자재 지원을 요청했기 때문이다. 충분한 운영자금을 마련하지 못해서 발을 동동 굴렸지만 상황은 나아지지 않았고 상호간의 불신만 높아졌다. 또한 일부 지원의 조건으로 현지 단기 의료봉사를 요청하는 기관들로 인해 클리닉은 더더욱 정상적인 운영과는 거리가 멀어져 가기만 했다.

이렇듯 수혜자들은 작든 크든 기부로 인한 피로감을 느낄 때가 많다. 그동안 기부자의 피로감에 대한 지적은 많이 있었지만 수혜자의 피로감에 대해서는 상대적으로 둔감하다. 대체로 수혜자는 기부자의 의도에 맞게 행동하려는 경향을 갖는다. 그 행동이 일정 부분 부정적인 결과를 낳을 것이라 예측된다 하더라도, 수혜자는 기부의 성사를 위해서 인내하거나 모르는 척하려고 하기 때문이다. 이러한 상황은 나중에 사업이 진행되는 과정에서 갈등의 원인을 제공하거나 연대를 약화시킬 수 있다.

수혜자의 피로는 수혜로 인한 변화가 잘 나타나지 않았거나 수혜의 조건이 까다로울 때 주로 나타난다. 수혜자는 기부자의 화려한 약속과 변화하지 않는 상황의 괴리를 통해 환멸을 느끼게 됨에 따라 피로감을 느낀다. 기부자는 수혜자에게 지킬 수 없는 공약만을 내세우는 무책임한 정치인처럼 비춰진다. 결국, 수혜자는 만성적인 피로에서 벗어나기 위해서 기부 과정에 참여하는 것을 거부하게 된다. 수혜자가 개인일수록 이러한 갈등 구조에서는 더욱 약자에 놓이게 된다. 개인인 수혜자는 많은 시간 동안 기부 과정에 대한 논의를 진행하기가 어렵고, 애로사항을 전달할 기회도 적기 때문이다. 또한 현지에서 기부를 전달하는 전달자의 성향과 도덕성에 따라 수혜자는 기울어진 대화채널을 갖게 되기도 한다. 이 과정에서 수혜자는 상처를 받기도 한다. 이 상처는 인권적인 상처일 가능성이 높다. 그러나 그들의 상처는 대부분 드러나지 않는다.

수혜자가 수혜의 조건이 까다롭다고 느끼는 것은 문화적 차이로부터 생기기도 한다. 서아프리카 문화는 "양을 주려거든 목줄까지 함께 주어라"는 나이지리아 속담을 통해 알 수 있듯이, 빈자에게 도움을 준 사람은 그 수혜자의 주변에 머물거나 그에게 자신의 기부를 통해 무엇을 했냐고 묻지 않는다고 한다. 그의 기부가 단지 수혜자의 삶에 좋은 영향력을 끼쳤기를 희망하며 이 땅에서의 보상을 기대하지 않는다는 것이다. 그래서 그들은 기부자가 자신의 기부금이 어떻게 쓰이는지 모니터링하기 위해 그들의 삶에 사사건건 간섭한다면, 이에 형식적으로 따르거나 거절하기도 한다. 심지어 기부 자체를 의심하고 기부자에 대한 불신을 갖게 되기도 한다. 수혜 기관의 경우에는 수많은 세미나와 워크숍 그리고 컨퍼런스로 만성적인 피로를 겪기도 한다. 수혜자는 강요되는 납례라는가 행사 참여 등으로 인해 스트레스에 시달리는 경우도 있다.

　반대로 기부자와 원조 기관이 그들의 투입과 노력에도 불구하고 더디게 나타나는 수혜 지역의 변화와 전혀 변하지 않는 상황을 바라보며 좌절감을 느끼기도 한다(donor fatigue). 기부자와 수혜자 모두 피로의 근거를 가지고 있으나, 어느 그룹도 자신의 그룹이 더 큰 피로를 느낀다고 주장할 수는 없다. 기부자와 수혜자의 어느 쪽에서도 희망하는 결과를 낳지 못하고 새로운 대안이 만들어지지 않는다면 피로감은 해소되지 않을 것이다.

> "눈에 보이고 의사가 고칠 수 있는 상처보다, 보이지 않는 상처가 훨씬 아픕니다. 남에게 모멸감을 주는 것은 쓸데없이 잔인한 운명으로 만드는 것이라는 걸 나는 알았습니다." (넬슨 만델라)

우월감에서 비롯된 기부

돕는다는 것은 참으로 아름답다. 그래서 사람들은 기부천사라고 극찬을 한다. '받는 손'에 의해 지어진 이름일지라도 대부분의 사람들은 이러한 찬사에 동의한다. 하지만 돕는다고 모든 것이 옳은 일일까?

　기부를 하는 이유를 물어보면, 대부분 우리보다 못 사는 사람을 위해서 돕는다고 한다. 나와 비교해서 많이 못 사는 사람들을 도와야 한다고 생각하는 것이다. 실제로 메디피스가 조사한 바에 따르면 그 비중이 65%를 상회한다. 그렇다면 '못 사는' 것이 의미하는 것이 무엇일까?

나보다 불행한 사람일 수도 있고, 나보다 경제적으로 가난한 사람일 수도 있고, 나보다 신체적으로 약한 사람일 수도 있을 것이다. 이처럼 각자는 스스로의 기준을 가지고 판단하기 마련이다. 그런데 이 비교의 근본적인 기준은 대부분 경제적인 측면에 놓여 있다. 즉 가난하면 불행하고 약하다고 인식하는 것이다. 나보다 못한 사람은 나보다 가난한 사람이고, 나보다 불행한 사람도 나보다 가난한 사람이고, 내가 도와야 할 긴급한 상황에 처해있는 사람 역시 나보다 가난한 사람이다. 2011년 동일본대지진이 일어났을 때 많은 사람들은 우리보다 잘 사는 나라의 재난이라는 이유로 지원의 필요성에 회의적이었다. 살만큼 사는 사람들의 고통에 대해서는 나눔과 연대의 대상에서 제외시키려는 경향이 있는 것이다.

문제는 이러한 경제적 잣대가 일상적인 나눔과 연대의 동기에 절대적인 영향을 미치고 있다는 것이다. 빈곤이 이 세상 불행의 중요한 이유인 것은 분명하지만, 빈곤의 원인은 다양한 곳으로부터 오고 있다. 예를 들어 노벨경제학상 수상자인 아마르티아 센은, 빈곤을 기본적인 자유의 부적합한 실현 혹은 부재 상태라고 정의했다. 여러 가지 원인들에 의해 만들어진 빈곤을 통해 다양한 고통이 확대 재생산된다. 빈곤이 사라지면 이러한 고통들은 상당히 경감될 것이다. 그러한 이유로 빈곤에 빠져있는 사람들에게 경제적인 지원을 하게 된다면, 많은 것들이 좋아질 것이라고 쉽게 생각할 수 있을 것이다. 그래서 기부는 그저 돈을 전달하는 행위라고 착각하게 만들기도 한다. 무엇이든 간에 나보다 못한 그들에게 필요한 것 중에 가장 중요한 것은 돈이 되어버렸다. 뒤집어 생각하면 돈이 심하게 부족한 사람은 그만큼 나보다 못한 사람이라 생각하게 된다. 이 편리한 낙인 시스템은 기부 행위를 천박하게 만들어버렸다.

 상대방을 나보다 못하다고 생각하는 것은 상대방보다 내가 우월하다고 느끼게 되는 기초이다. 내가 상대방보다 더 나으니까 베풀어야 한다는 책임감일 수도 있다. 사회는 많이 가진 사람이 덜 가진 자에게 베푸는 것이 얼마나 선한 행동인가를 부각시킨다. 기업은 착한 이미지를 담아가기 위해서 사회공헌활동을 하게 되고, 마케팅에 활용한다. 우리 상품을 구입할 수 있는 사람 이외에도 그렇지 못한 사람들을 위해서 헌신하는 모습을 보여주려 애를 쓰고, 자사의 제품에도 착한 이미지를 그려 넣는다.

 그렇다면 뭐가 우월한 것일까? 더 많은 구매능력을 가진 사람들, 더 많은 통치 능력을 가진 사람들에 의해서, 사람의 삶과 가치에 대한 평가가 금전적이고 물질적인 기준에 의해서 정해지는 것은 아닌가? 해마다 다양한 기관에서 발표하는 행복지수들은 경제적인 측면을 중요하게 다루지만, 주관적 감정을 중심으로 측정할 경우에는 소득이 적은 나라들도 상대적으로 높은 행복 지수를 보이는 경우가 많이 나타나는 것을 볼 수 있다. 기부의 중요한 목표가 수혜자의 행복을 증진시키는 것에 있다는 점을 생각해보면 경제적 우위가 더 잘 사는 유일한 잣대가 되지는 않는다.

 또한 경제적 능력이 있는 기부자 측의 권력이 개입되면, 수혜자가 경제적 측면이나 문화적 측면, 심리적 측면 등에 있어 그 권리를 주장하는 데에 약자에 놓이게 되는 권력 관계가 형성되기 쉽다. 또한 수혜자에 대한 지원 결과보다는 기부자의 후원 행위 자체에 더 초점을 맞춘다. 그리고 그 후원에 대한 대가로 보편적인 후원 프로그램의 상황보고가 아닌, 개인적인 수혜자로부터의 편지, 사진 등을 제공한다. 또한 수혜자가 속한 지역의 문화나 환경에 대한 충분한 이해 없이도 단지 좋은 의도라는 이유에서 기부자의 행위는 쉽게 지지를 받는다. 그러나 이를 받아들이는 수혜자 입장에 대한 고려는 충분치 않은 경우가 많다.

수혜자에게 구체적으로 어떠한 도움이 필요한지 충분한 조사가 이루어져야 하며, 수혜자가 어떠한 점에서는 도움을 받지만, 어떠한 점에서 충돌을 일으키는지에 대하여 대리 기관은 이를 숙지해야 할 필요가 있다. 이러한 고려 없이는 후원 결과가 특히 부정적으로 나타났을 때, 그 책임은 후원을 받았음에도 자립에 실패한 수혜자의 능력으로 돌아가게 된다. 이러한 일방적인 기부자 중심 구조에서 수혜자는 약자 관계에 놓여 오히려 피해를 입을 수 있는 상황에 놓일 수가 있다.

우월감에 기초한 기부는 단순한 기부 의도의 왜곡뿐만 아니라 대리 기관의 선택, 기부전달 방법의 선택, 기부프로그램의 선택에도 직접적인 영향을 미치게 된다. 이러한 점은 기부 의도가 기부 결과에도 충분히 영향을 미치고 있다는 것을 보여준다. 기부자가 자신의 기부 결과에 대한 책임을 진다는 것은 나의 의도가, 물론 대리 기관을 통해서이지만, 어떠한 기부 결과를 가져올 것인지에 대해 좀 더 신중히 고려하는 것이다. 즉, 수혜자의 입장에 대한 동감과 공감이 절실하다는 것이다.

대표적인 기부자 행위 중심 후원은 일대일아동결연이다. 노재은은 한 연구에서 기부자 행위 중심의 후원은 연대와 공감을 위한 최소한의 참여를 제한할 수 있다고 보았다. 그 중에서 일대일아동결연은 개인 후원자와 수혜자 간 참여를 둘러싼 딜레마를 보여주는 좋은 예라고 했다.[14] 이에 대해서 몇 가지 문제점을 지적하였다. 먼저 아동 결연 프로그램은 보호가 필요한 아동이 배제되거나 아동의 프라이버시, 존엄성, 자기 결정권을 침해하기도 한다는 점이다. 이러한 문제점은 이 프로그램이 개인 후원자들로 하여금 웹사이트에서 아동을 선택할 수 있도록 하며 정기적으로 아동에 대한 정보를 제공하고 서신 및 방문 교류의 기회를 열어놓는 등 개인 후원자의 참여를 극대화하기 위해 고안된 것이어서 나타난 문제점이다.

두 번째로, 일대일아동결연 후원은 오로지 기부자의 선택에 의해 수혜 아동이 결정된다는 점에 문제가 있다. 모든 아이들의 인간다운 삶을 영위할 권리를 공정하게 인정해야 한다. 이러한 후원 방식은 아이들의 인권을 공정하게 뒷받침하려는 인도주의적 노력에 쉽게 어긋날 수 있다.

윤리학적 측면에서의 한계

기부는 윤리적인 행동으로 인식되기 때문에, 인간의 윤리학적인 특징을 살펴보는 것은 기부를 고찰하는데 있어 의미가 있을 것이다. 실천 윤리학 분야의 세계적인 석학인 쥴리안 사불레스크(Julian Savulescu)는 인도주의의 실천이 어려운 이유로 올바른 윤리의 부재를 꼽았다. 인도주의의 실천을 위해서는 이전과 다른 새로운 윤리학이 우리 사회에 필요하다는 것이다. 인도주의적 접근이 필요한 전 지구적 문제들의 대부분은 인간 그 자체에 원인이 있기 때문이다. 때로는 자연재해나 환경문제 중에 인간에게 그 원인이 있지 않은 것으로 보이는 경우도 있지만, 그 역시도 인간 그 자체에 원인이 있는 경우가 대부분이다. 따라서 그러한 문제들을 해결하기 위해서는 문제의 근원인 인간, 즉 우리의 행동을 바꾸어야 한다.

우리의 행동에 영향을 미치는 현대사회의 윤리적 성격과 특징은 어떤 것일까? 현대사회에 윤리의 부재가 나타나는 이유는 무엇일까? 이를 몇 가지로 나눠 다음과 같이 설명할 수 있을 것이다.15)

먼저 주변에 대한 무감각이다. 특히 자신과 직접적이고 가시적으로 관련되어 있는 일이 아니라면 자신과는 무관한 일로 치부해 버리는 경우가 잦다. 무감각의 근본적인 이유를 분석해보면, 제한된 자원을 두고 경쟁하는 사회이기 때문에 타인에게 득을 주는 일보다 해를 주는 일을 더 쉽게 하는 이기적인 성향을 발견할 수 있다.

두 번째, 자신과 가까운 이들에게만 적용되는 제한적인 이타주의이다. 이러한 제한된 이타주의는 근시안적인 협력일 경우가 많다. 타인의 고통을 공감하고, 타인을 위하는 전통적 의미의 윤리성을 추구하는 것이 아니라, 자신이 속한 공간에서 자신의 이익을 위한 협력의 경우를 더 선호한다.

세 번째, 공동체 내 구성원에게 피해를 주지 않으려는 것에 대한 강한 집착이다. 즉 도와주는 것에 대한 책임이나 권리에 대해서는 별다른 관심이 없으면서, 남에게 피해를 입히지 않는 것을 가장 도덕적인 것으로 인식한다. 또한 불편하고 옳지 않은 현상의 원인을 제거하는 것은 중시하지만, 그로 인해 발생한 결과에 대해서는 책임지지 않으려 한다. 개인 간의 공감이나 동정심은 크지만 개개인이 모인 공동체에 대한 공감과 동정심은 상대적으로 훨씬 약하다.

네 번째, 받은 만큼만 돌려주는 보답과 보복이다. 다른 사람으로부터 아무 조건 없이 도움을 받게 되면 이를 갚아야 한다는 부담감이 생기고, 반대로 부당하게 상대로부터 공격이나 피해를 받았을 경우 적개심과 복수심이 생기는 것을 말한다. 이 때 다른 이들보다 선의를 되돌려주거나 보복을 하는 데에 있어서 더 성공적이지 못할 때 수치심을 느낀다. 그러나 다른 사람들보다 그러한 면에 있어서 성공적이었을 때 자랑스러움을 느낀다.

이러한 현대사회의 윤리적 성격과 특징은 현대사회가 가지고 있는 특성과 한계에 근거하고 있다고 볼 수 있다. 요즘 사람들은 지나친 경쟁 사회에서 살아남아야 하고 앞으로의 삶에 다가올 수도 있는 위기에 대비해야 한다. 또한 개인주의가 폭넓게 퍼져 있으며, 공동체의 이익이 결국 나의 이익이 될 수 있다는 확신을 갖기 어려운 시기에 살고 있다. 결국, 현대인들은 그들의 인간관계에서 경제적인 관계가 가장 중요한 비중을 차지하다보니, 행동 근거를 경제적인 논리에서 찾을 때 가장 안정감을 느끼게 된다. 이러한 현대사회의 윤리학적 특징은 기부를 바라보는 시각에도 큰 영향을 미칠 것이다. 이러한 영향에 의해 기부 과정은 왜곡될 수 있고, 타인의 행복 증진이라는 기부의 본질적인 역할에 부정적인 요소로 작용할 수 있다. 그래서 지금과 같은 시대에서는 기부의 순수성을 더욱 강조할 수밖에 없다.

순수해야 하는 기부

순수하지 않은 기부는 기부의 의도가 순수한 것 외에도 수혜자의 입장에서 기부의 결과를 관찰할 때 더 많이 발견될 수 있다. 캄보디아를 3박 4일 일정으로 다녀온 15명의 한 봉사단체와 동행하며

순수하지 않은 기부란 무엇인가

쓴 한 기사에 따르면,16) 봉사단체가 행사를 위해 쓰고 간 비용은 250만 원이 채 안 돼 보였는데 2,000만 원이 훌쩍 넘는 여행경비를 지출했다는 사연을 전하고 있다. 이처럼 이 나라를 찾는 엉터리 봉사팀들이 일주일에 최소 3~4팀 이상은 되는데, 일부 대학생들의 경우 각자 전공을 살려 초등학생들을 반별로 나눠 가르치도록 수업일정을 짜서 직접 수업을 진행하는 경우도 있다고 한다. 한국인이 아닌 외국인들을 상대로 가르쳐본 경험이 거의 없는 어린 학생들이 캄보디아 아이들의 학습능력이나 눈높이를 고려하지 않고, 교육효과조차 기대하기 힘든 단기수업을 진행하는 것인데, 영문학과 전공학생들은 아이들에게 영어를 가르치고, 미술전공학생은 미술을, 체육학과는 태권도를 가르치는 식이다. 그러다 보니 아이들이 지루한 반응을 보이거나 퀴즈를 맞히면 공책이나 연필 같은 학용품이나 사탕을 나눠주는 식으로 아이들을 달래고 진땀을 흘리며, 학생들의 수준을 배려하지 않은 엉터리 교육을 하고 돌아오게 된다는 것이다. 이러한 활동의 결과가 수혜자에게 남겨지는 결과를 생각하면 안타까울 뿐이다. 심지어는 의미있는 관광을 위해서 수혜자를 만나는 과정에서 아이들의 수업권이 희생양이 되기도 한다. 기부가 왜 순수해야 하는지, 그 이유가 여기에 있다. 순수하지 않은 기부의 좋지 않은 결과는 오로지 수혜자의 몫으로 돌아가게 된다.

앞서 살펴본 키다리 아저씨 기부 유형과 수혜자의 입장이 아닌 기부자의 고집에 의한 왜곡된 기부 유형 외에도 순수하지 않은 기부의 유형은 많이 있다. 이러한 순수하지 않은 기부의 공통점은 수혜자의 입장에서 무엇이 이롭고, 어떻게 도움이 되는지에 대한 성찰보다는 나의 경험과 입장에서 모든 것이 결정된다는 것이다.

키다리 아저씨의 기부는 주디의 미래를 정말 행복하게 했을까?

　기부란 나의 자산의 일부를 타인에게 제공하는 것뿐만 아니라, 이를 통해 타인의 행복 수준을 높여주는 행위이어야 한다. 기부의 방식과 결과까지 포함하여 기부의 순수성은 평가된다. 앞서 살펴본 키다리 아저씨 기부문화는 기부의 의도는 순수했을지언정 기부 방식은 순수하다고 볼 수는 없다. 우월감에서 비롯된 기부는 기부의 의도 자체가 순수하지 않다. 기부를 통해서 얻는 즐거움과 우월감이 기부의 가장 큰 목적이 된다. 또한 왜곡된 기부 의도 역시 순수하지 않은 기부라고 할 수 있는데, 이는 그 기부의 결과가 순수하지 않기 때문이다. 순수한 기부의 결과라 하면, 기부의 본래 목적인 타인의 행복 수준을 높여주는 것을 달성한 것을 말한다. 기부의 목표를 수혜자의 긍정적 변화가 아닌 기부금이나 기부물품을 전달하는 행위로 착각하는 경우는 타인의 행복 수준을 높이지는 못할 것이다. 순수한 기부의 실천이 어려운 또 한 가지 이유는 자신만을 돌보고 타인에게 해를 끼치지만 않으면 된다는 생각이 지배하고 있는 현대사회의 윤리적 특성 때문이다.

　하지만 뒤에서 언급할 착한 기부를 위한 원칙들을 가슴에 새기고 실천해나간다면 순수한 기부의 실천이 조금은 쉬어지리라 생각한다. 이를 위해 무엇보다 우선되어야 할 작업은 기부가 왜 순수해야 하는가에 대한 인식을 갖는 것이다.

순수하지 않은 기부란 무엇인가

III

나쁜 기부란

06
기부 책임이란 무엇인가

기부자는 그저 선의의 피해자일 뿐인가

기부는 우리 사회의 미덕이다. 미래에 대한 투자이자 사회적 자본이고 선한 의지이다. 함께하는 삶에 대한 강력한 메시지이다. 대가를 바라지 않고 오로지 상대방의 행복을 위해서 나의 것을 제공하는 아름다움이고 인간적인 행위이다. 기부는 이성을 가진 인간의 가장 인간적인 장점이라 해도 과언이 아니다.

'대가 없이' 내놓는다는 것은 무엇인가? 대가란 물건의 값으로 치르는 돈이나, 일을 하고 그에 대한 값으로 받는 보수를 말한다. 그래서 기부는 돈이나 물건 따위를 내놓고 그에 따른 보상을 받지 않는 비경제적 행위라고 정리할 수 있다.

일반적으로 기부에 대한 정의는 위와 같이 동기(기부 의도)에 대한 정의로 이루어진다. '자선사업이나 공공사업을 위한', '대가를 바라지 않는' 동기에 의해서 행해지는 행동을 규정하는 것이다. 대체로 기부의 결과에 대한 책임이나 기부에 의해서 형성되는 과정에 대한 책임은 없는 것으로 인식한다. 결과가 어떻게 되든 간에 기부는 그 자체로 선한 행동으로 남게 되고, 기부함에 따라 나타날 수 있는 후속적인 사회관계는 관심에서 멀어져 있다. 그 결과, 좋은 기부와 나쁜 기부의 구별은 허용되지 않고 무언의 금기로 남아있다.

앞서 일대일아동결연을 예로 들어 기부가 나쁜 결과로 이어질 수도 있음을 살펴보았다. 다양한 형태의 기부 행위는 어떻게든 그 행위의 결과를 가져오게 되고, 동일한 기부 의도라도 그 결과는 매우 다양한 모습으로 나타난다. 잘 하는 기부와 잘 못하는 기부가 있을 수 있으며, 누구든 자신의 기부 행위가 그 의도에 맞게 좋은 결과를 가져오기를 바랄 것이지만 기부 의도와 다르게 정반대의 결과가 날 수도 있다는 것이다.

그러나 기부가 아무리 좋지 않은 결과를 낳았더라도 우리 사회는 기부자를 탓하지 않는다. 기부자의 착한 의도를 대리 기관이 나쁘게 활용했기 때문이라고 보고, 모든 비난은 대리 기관을 향한다. 간혹 기부 모금을 하는 기관의 비사회적인 행동이 이슈가 된다 하더라도 기부자들은 전혀 책임이 없으며, 선의의 피해자로 남게 된다. 이 피해자들은 당장 기부를 중단하거나 혹은 대리 기관을 교체할 것이다. 그렇지 않으면 한번쯤 용서해주거나 무관심하다. 이러한 기부자에 대한 면책특권은 기부의 동기를 강화한다. 만약 기부자가 조금이라도 책임을 져야 하는 상황이 발생한다면 기부 동기는 사라질 수도 있다. 또한 나의 기부가 나쁜 기부가 될 수 있다는 가능성이 존재한다면 기부자는 기부를 주저하게 될 것이다.

그런데 왜 기부자는 자신의 기부 행동에 책임지지 않을까? 대답은 명확하다. 그건 자신의 행동이 아니라고 생각하기 때문이다. 대리자인 모금기관의 행동에 대해서 책임을 져야 한다고 생각하지 않으며, 나의 기부는 이미 종료된 과거의 행동이기 때문에 되돌려 가져와 나의 책임이 무엇인지 따질 여지가 없다고 생각한다. 기부는 행동의 발생과 동시에 과거가 되어 버린다.

기부자는 자신이 한 기부의 결과에 어떠한 책임도 지지 않는 반면, 좀 더 좋은 기부 결과를 가져오고 싶어 하는 욕구는 있다. 본인의 기부가 이왕이면 양질의 결과를 가져오길 바라며 더 큰 보람을 느끼고 싶어 한다.

대리 기관의 실수나 잘못된 의도에 의해 기부 실패가 발생하는 경우, 기부자는 스스로를 피해자라고 생각한다. 기부자가 좀 더 신중하고 적절하게 대리 기관을 선정했더라면 생기지 않았을 기부 실패에 대해서는 크게 고민하지 않는다. 사실 현실에서는 이러한 기부 실패가 나타났다고 하더라도 기부자가 이를 감지해내는 것은 쉽지 않다. 대부분의 기부자들은 나의 기부가 잘 이루어지고 있고 좋은 결과를 낳고 있다고 생각하고 있을 뿐이다. 게다가 기부의 결과에 대한 책임을 나눠야 한다면 기부 자체를 주저하게 될 것이다.

하지만 우리는 앞서 순수한 기부 의도가 곧바로 순수한 기부 결과로 이어지지 않는다는 것을 보았다. 더욱 큰 문제는 기부의 의도와 정반대의 결과가 나타난다고 해도 기부자는 그 사실을 모르고 넘어갈 수 있다는 점이다. 기부 결과를 정확하게 평가한다는 것은 쉽지 않은 일이지만 대리 기관이 어떠한 프로그램을 통해 기부가치를 실현시키고 있는지는 모니터링 할 수 있다. 즉 기부자는 자신의 기부금 전달 이후의 과정과 그 결과를 감시해야 한다. 기부자의 감시를 통해 대리 기관은 원칙을 지킬 것이고, 더 나은 기부 결과를 만들기 위해서 노력할 것이다. 기부자 역시, 기부의 전 과정에 참여하고, 더 나은 기부 결과를 위해 노력했을 때 기부 의도에 맞는 기부 결과를 얻을 수 있을 것이다. 이러한 노력은 우리 사회를 좀 더 선진적이고 바람직한 방향으로 이끌 것이고, 사회적 자본을 확대할 것이다. 따라서 우리는 기부자를 선의의 피해자라고만 볼 수는 없다.

 기부 의도와 기부 결과가 차이가 나는 것에는 또 다른 이유도 있다. 기부자가 자신의 가치와 전혀 다른 가치를 취하는 단체에 기부를 하고서 이후에 그 사실을 확인하고 기부를 중단하는 경우라든가, 대리 기관의 운영비용이 과다하게 책정되어 대부분의 기부금이 단체의 운영비로 활용된다든가 하는 경우는 기부자가 조금만 관심을 기울이면 사전에 방지할 수 있다. 기부자는 최소한 대리 기관의 미션과 비전을 확인하고 주요한 접근방법이 무엇인지 확인하려는 노력을 기울여야 한다. 물론 대리 기관에 대한 정보가 충분하게 제공되지 않거나 왜곡되어 전달되는 경우도 있을 수 있다. 이러한 경우에는 기부자의 판단이 매우 어렵겠지만, 나의 기부금이 어떻게 활용되는지를 꾸준한 관심을 가지고 확인해 보면 적절한 판단의 시기가 올 것이다. 실제로 메디피스가 조사한 바에 따르면,17) 대리 기관의 성격이 자신이 알고 있던 것과 다른 경우, 기부를 중단하겠다고 응답한 사람은 68.2%에 달했다.

 기부의 의도에는 자신이 가지고 있는 가치관, 철학, 종교 등에 의한 판단이 개입되게 된다. 그렇기 때문에 어떠한 기부 의도가 좋은 것인가를 한마디로 말하기는 쉽지 않다. 기부 결과 역시 기부 의도가 무엇이냐에 따라서 사람마다 다르게 평가될 수 있다. 어쩌면 기부 결과에 대한 평가는 사람마다 다르다고 보는 것이 옳을 수도 있다. 종교적 목적에서 기부하는 사람은 기부 결과에 대해 대체로 무관심한 경향을 보인다. 사랑을 나눈 것 자체가 기부 의도이자 기부 결과이고, 실천이기 때문에 기부의 효율성이나 효과성에 대해서 논하는 것 자체를 중요하게 생각하지 않는다. 존엄하고 성스러운 행위에 대해서 결과의 무게를 잰다는 것 자체가 어불성설이라고 생각하기 때문이다. 예를 들어 단기 의료선교 활동은 효과성이나 효율성의 측면에서는 적절한 방법이 아닐 수 있으나, 기부자들은 현지 의료체계에 부정적인 영향을 미칠 수 있다는 지적에 대해서 큰 관심을 두지 않는 경향이 있다.

이러한 관점을 가지고 기부하거나 재능을 나누는 사람들은 사실 이 글의 논의 밖에 있는 사람들이다. 좀 더 효과적이고 효율적인, 적절한 기부 결과를 원하는 사람이라면, 어떤 기부가 좋은 기부 결과를 가져오게 되고, 더 나은 기부 결과를 가져오기 위해 기부자가 어떠한 입장을 취하는 것이 좋은지에 대한 이야기를 이어갈 수 있을 것이다. 그리고 기부 결과가 부정적인 경우 이를 중단하고 더 나은 기부 방식을 통해 기부 효과가 수혜자에게 전달될 수 있도록 하는 노력을 기울일 수 있을 것이다.

메디피스의 조사결과,[18] 자신이 기부하는 대리 기관의 홈페이지를 방문하여 기부 과정을 모니터링하는 기부자의 비율은 나이가 젊을수록 높은 것으로 나타났다. 이는 기부 과정에 대한 관심이 향후 더욱 높아질 것을 기대하게 한다.

기부로 인한 왕따: 우산 걷어내기

새 학기가 시작되면 중학교 학생들에게 짝을 정하는 시기가 돌아온다. 나와 일 년을 같이 지낼 친구 그룹을 만드는 작업이다. 이 때 주의 깊게 잘 판단하고 조심스럽게 행동해야 한다. 행여 잘못 결정하게 되면 일 년이 피곤할 수도 있다. 심지어 왕따를 당할 수도 있으니 그야말로 1년 농사를 잘 대비해야 하는 순간이다. 자기가 속한 그룹은 편안한 우정의 공간이 되겠지만 또 한편에서는 관계를 유지하기 위해 이 그룹에 속한 친구들에게 헌신해야 한다. 한눈팔지 말고 자기가 속한 그룹의 친구들을 우선적으로 고려해야 한다는 무언의 약속이 있기 때문이다.

이러한 현상은 사람이 의존과 관계의 존재라는 것을 보여주는 예라고 할 수 있다. 사람은 대부분 공동체의 일원으로 보호를 받으며 또 공동체에 기여해서 인정을 받으려 한다. 공동체에 소속되지 않으면 불안하고 위험한 외부 환경으로부터 보호받을 가능성이 낮아진다. 또, 독불장군처럼 살아가게 된다면 공동체도 동시에 그를 거부하거나 무시하게 된다. 관계에서 오는 행복의 가능성이 그만큼 작아지는 것이다. 기부는 사람들 상호간의 행복을 증진시키기 위한 행위이다. 받는 자와 주는 자 모두 기부 행위로부터 행복을 높이는 계기를 만나는 것이다. 그러나 기부로 인해 행여 왕따가 생겨나게 된다면? 그건 불행에 더 가까운 결과일 것이다.

기부는 항상 받는 사람의 삶의 조건을 고려해야 한다. 물에 빠진 사람에게는 많은 금을 가져다줄수록 그 무게로 인해 더욱 곤란에 빠질 뿐이다. 그에게 주어진 환경을 고려하지 않는 기부는 언제나 물에 빠진 사람의 손에 금덩어리를 쥐어주는 행위와 다르지 않다. 기부는 그만큼 무거운 행위이다.

기부의 동기는 다양하게 있을 수 있겠지만, 기부의 목적은 다양하기보다는 정확해야 한다. 무엇을 위해 기부를 하는가는 타자에 대한 인식에 기초하고, 가치관으로부터 나오게 된다. 내가 도와야

사람은 자신들의 커뮤니티 안에서 서로의 역할을 찾아간다. 그 속에서 자신의 삶을 적응시켜 나가기도 하고, 커뮤니티의 좋은 변화를 위해서 힘을 보태기도 한다. 인도주의는 이러한 순환에 도움이 될 수 있는 기여를 해야 한다. (사진: 메디피스 필리핀 사업 지역 아이들, 2015, 촬영: 메디피스)

겠다는 결심은 무언가 그들에게 부족한 것이 있다고 느끼기 때문이고 나의 행동을 통해서 변화를 이끌 수 있다고 믿기 때문이다. 문제는 그 변화에 있다. 상대방을 고려하지 않고 '내가 원하는' 변화를 선택하게 되면 문제가 발생할 수 있다. 내가 판단하는 변화의 방향은 선험적으로 얻어진 선입견인 경우가 많기 때문이다.

굶주림을 예로 들어보자. 굶주리고 있는 사람은 먹을 것이 없기 때문이고, 먹을 것을 구하려 해도 구할 수가 없기 때문이며, 무언가에 의해 굶주리지 않으려는 노력이 방해받고 있기 때문이다. 이 모든 것은 한 개인의 문제에서 야기되었다기보다는 그가 살고 있는 삶의 공간, 즉 가족, 마을, 지역, 국가로부터 나온다. 그런데 이러한 문제를 오로지 생물학적인 접근을 통해 해결하려 한다면 근본적 문제해결에 다가설 수 없을 것이다. 어떤 문제는 가정의 한계를 극복할 수 있도록 도와줘야 하고, 어떤 문제는 그가 살고 있는 마을의 변화를 통해서 스스로 변화할 수 있게 해야 한다. 심지어는 국가가 변하지 않으면 개선될 수 없는 일도 많다.

기부자는 기부의 결과로 수혜자가 지금보다 더 행복해지기를 꿈꾼다. 기부자는 기부대상이 나로 인해 반드시 행복해질 것이라는 확신을 가지고, 그 가능성이 가장 높은 대상과 방법을 선택하게 된다. 그 대상은 기부자가 감당할 수 있을 만큼 작아야 하고, 느낄 수 있을 만큼 구체적이어야 하며, 상대방을 확인할 수 있을 만큼 선명하기를 원한다. 그리고 그 결과를 확인하고 싶어 한다.

하지만 기부자가 수혜자를 만나기 전부터, 수혜자는 자신의 삶의 공간에서 고유의 관계를 맺고 살아오던 커뮤니티가 있다. 이 커뮤니티는 자신을 보호하는 우산이고 집이다. 그래서 전달자 역할을 하는 대리 기관은 수혜자의 우산을 먼저 고려하고, 기부의 결과가 이 우산을 걷어내는 것이 아니도록 주의해야 한다.

우산 걷어내기의 대표적인 경우는 꼴찌의 함정에 빠지는 것이다. 만약 기부의 결과가 새로운 꼴찌들을 양산하는 것이라면, 그 커뮤니티의 공정성을 훼손하게 된다. 외부의 개입에 의해서 전통적으로 자연스럽게 형성되었던 문화와 전통, 상식이 무너지게 해서는 안 된다.

꼴찌의 함정에 관한 사례는 메디피스의 한 활동가의 경험을 통해서도 확인할 수 있다. 그가 아프리카 한 국가에서 AIDS 환자를 지원하는 프로젝트에 참여했을 때의 일이다. AIDS 프로젝트는 환자의 케어도 물론 중요하지만 환자 가정의 생계문제가 심각한 경우가 많다. 그래서 AIDS 프로젝트의 성공을 위해서는 환자의 영양 상태와 환자 가정의 경제적 문제를 같이 해결해나가는 노력이 필요하다. 이 문제를 접근하는 데 가장 많이 활용되는 것이 가축을 제공하는 방법이 있다. 가축 사육은 많은 공간이 필요하지 않고 초기 비용이 크지 않으며, 적은 노동으로 경제적인 효과를 가져 오기 쉽기 때문이다. 또한 사육에 필요한 기술도 많지 않을뿐더러 가축이 상품성을 갖추는데까지 많은 시간이 걸리지 않는 게 일반적이다.

이 경우 역시 가축을 제공하는 방법을 선택했는데 주로 돼지를 제공했다. 한 가정은 특히 심각한 경제적인 문제를 가지고 있었고, 식구는 모두 감염자였다. 그래서 우선적으로 수혜 가정에 선정되었고 돼지 역시 제공되었다. 돼지는 잘 컸고 잘 팔렸다. 성숙한 돼지를 판 돈으로 어린 돼지를 다시 사와서 그 숫자도 늘어났다. 오래지 않아 이 가정은 경제적인 여유를 찾게 되었고 AIDS 프로젝트에도 적극적으로 참여하였다. 하지만 이 가정은 이전보다 더 힘든 상황에 빠지게 되었다. 동네 이웃들의 심한 질투로 인해 소외당했고 정상적인 생활이 어려울 지경이었다. 때로는 협박을 당하기도 하였고 결국 집 안에서 기르던 돼지는 누군가의 손에 의해서 죽임을 당하게 되었다.

이러한 좋은 않은 결과에 대해서 신속한 대응책을 마련해야 했다. 결국 사업팀은 동네 전체를 대상으로 필요한 요소를 파악하게 되었다. 동네 가정들을 두 개의 그룹으로 나누었고 주민들의 동의 하에 돼지 사육팀과 닭 사육팀으로 분류하였다. 이후 커뮤니티의 분열은 없어졌고, 협박이나 시샘도 사라졌다. 본래의 목적인 AIDS 환자에 대한 케어도 지속적으로 진행할 수 있게 되었다.

꼴찌의 함정

가장 빈곤하고 가장 어려운 상황에 처해 있는 개인 또는 가정을 선정하여 도왔을 때, 그 대상자는 꼴찌를 면하게 되지만 결국 또 다른 새로운 꼴찌가 나타나게 된다. 새로운 꼴찌는 아무런 이유 없이 꼴찌의 낙인이 찍히게 되는 반면, 후원을 통해 꼴찌를 면한 사람이나 가정은 불공정한 승리를 얻게 된다.

지역사회의 동의와 공감이 없는 행위는 이러한 문제를 야기할 가능성이 높으며, 이를 해결하기 위해서는 지역사회의 동의와 공감이 우선시 되어야 하고, 억울한 사람이나 가정이 양산되지 않는 방법을 찾아야 한다.

기부와 영화티켓 구입

영화를 보기 위해 극장에 들어섰다. 이는 당연히 영화를 보기 위해 극장에 간 것이다. 아주 특이한 상황이 아니고서야 극장에 가기 위해 영화를 보는 사람은 없을 것이다. 이미 극장에 들어서기 전에 무엇을 볼 것인가는 정해져 있다. 혹시 약속 시간이 남아서 빈 시간을 활용하려고 극장에 들어섰다면, 최소한 매표소 앞에서는 내가 볼 영화를 선택하게 된다. 티켓을 구입하는 것은 영화를 통해서 무엇인가 얻고자 하는 기대를 표현하는 것이다. 두 시간 정도가 지나면 티켓을 구입한 사람은 스크린에 담긴 사연이 어떻게 묘사되었는지, 나에게 어떤 감정이나 기쁨을 주었는지 평가하게 될 것이다. 슬픈 영화이든, 공포스러운 영화이든 아니면 굉장히 웃긴 영화이든 내가 의도했거나, 기대하지 않았던 만족이 제공되었는지 판단하게 된다.

착한 기부, 나쁜 기부

만약 이런 사람이 있다면 어떻게 생각하겠는가. 극장에 간다. 지갑에서 정해진 돈을 꺼낸다. 티켓을 구입한다. 티켓을 사는 것 자체에 굉장히(또는 그럭저럭) 만족한다. 티켓을 버려두고 극장을 떠난다. 그리고 한 달 후에 다시 매표소 앞에서 정해진 돈을 꺼내고 티켓을 구입하고 똑같은 행위를 반복하고 있다. 그 영화의 제목이 무엇이며 어떤 내용을 담고 있고 얼마나 잘 만들어졌는지는 모른다. 다만 그는 티켓을 샀을 뿐이고, 그것에 만족할 뿐이다.

필자는 지금 매우 기괴한 모습을 묘사하고 있다. 우리 일상에서는 매우 찾아보기 어려운 모습, 상식적으로 이해하기 힘든, 미안하지만 정신이 약간 나간 사람의 모습일지도 모른다. 그런데 만약 내가 바로 그러한 행동을 하고 있다면?

또 하나의 장면을 생각해 보자.

늦은 시간 일을 하느라 몸과 마음이 지쳤다. 퇴근길 몸이 너무 무겁다. 오늘은 택시를 타야겠다고 결심한다. 그는 지나가는 택시를 세우고 무거운 몸을 뒷좌석에 맡긴다. 행선지를 기사에게 알려주곤 그만 단잠에 빠졌다. 얼마나 시간이 흘렀을까. 기사는 목적지에 도착했다고 지친 승객을 깨운다. 미터기에 찍힌 요금을 지불하고 가족이 기다리는 집으로 빨려 들어갔다.

우리는 이러한 모습을 흔히 볼 수 있다. 웬만한 사람들은 이와 유사한 경험을 했을 것이다. 택시는 참 편하다. 행여 '어떤 방향으로 갈까요?', '지리를 잘 모르니까 좀 가르쳐 주셔야 합니다.', '어느 쪽이 안 막힐까요?' 이런 질문을 하는 기사를 만나면 참 난감할 때도 있다. 그저 알아서 목적지에 편하게 가고 싶은 게 승객들의 희망사항이 아닌가.

택시는 이러한 편익을 제공해주고 대신 이용자는 비용을 지불한다. 그 편익은 오로지 내가 차지하는 것이다. 나에게 신속함과 편리함, 안락함을 주는 대신 나는 그 대가를 지불하는 것이다. 집으로 가는 길이 어떤 길이든 빨리 가면 되고, 살짝 과속을 하더라도 어느 정도 안전을 보장해주면 된다. 내가 할 일은 조용히 운전을 방해하지 않고 쉬고 있으면 된다. 쓸데없이 신경쓸 것 없는 것이다. 그러다보면 목적지에 도착한 나의 모습을 발견한다. 그럼 끝이다.

극장에 간 사람은 영화를 관람하기 위하여 티켓을 구매하는 행위를 했다. 택시를 탄 사람은 장소를 신속하고 편안하게 이동하기 위해서 잠시 택시와 기사를 임대했다. 그렇다면 기부는 이 두 가지 행위 중에서 어느 쪽에 더 가까운 행위일까?

기부금을 제공했다는 것은 티켓 비용과 같은 것인가? 그렇다면 영화를 보는 것이 목적이다. 영화를 봐야 한다. 영화가 주는 감동이 나의 가슴에 와 닿아야 한다. 티켓만 구매해서는 안 되고 티켓은 하나의 과정이고 필수적인 요소이다. 티켓 없이 영화를 볼 수도 없다.

기부금은 마치 택시 요금과 같은 것인가? 그렇다면 택시를 타는 것만 하면 된다. 그러면 바로 나는 내가 원하는 공간에 가 있게 된다. 운이 없어서 중간에 사고라도 나면 참 곤란하겠지만, 이건 어쩔 수 없다.

티켓을 사는 행위와 택시를 타는 행위는 근본적으로 다르다. 티켓은 내가 목적하는 바를 얻기 위해서 필요한 자격을 얻는 것이고, 무엇을 볼 것인가를 결정하는 것이고, 그 결과는 영화를 보는 자와 영화를 만든 자의 교감을 통해서 새로운 감정을 통해 만들어진 만족의 정도에 따라 달라진다. 나는 영화 속으로 들어가야 한다. 때로는 거리를 두고 때로는 영화에 녹아들고 때로는 주인공이 되어줘야 한다. 감독이 던져놓은 화두 앞에서 망설이거나 도전하거나 실랑이가 있어야 한다. 그러한 과정을 통해 나의 감정은 미동을 하고 젖어들기 시작하며 내 안에서 새로운 것이 태어나고 이 탄생에 나 역시 헌신적으로 기여를 한다. 그것을 감동이라고 한다. 내가 매표소에 돈을 지불한 것만 가지고는 감동이 다가오지 않는다.

택시는 다르다. 택시를 타는 순간 나는 다른 개입을 하지 않는다. 오로지 목적지에서 요금을 지불하는 것만이 있을 뿐이다. 장소의 이동을 돈으로 샀을 뿐이고 내리면서 잠시 시계를 바라볼 뿐이다.

결국 기부금을 대리 기관에 전달하는 것은 택시에 승차하는 것이 아니라, 영화 티켓을 구매하는 행위와 같다. 관람객이 영화를 본 후 평가를 하듯이, 기부자는 기부의 전달 과정을 모니터링하고 기부의 결과를 평가해야 한다. 또한 관람객이 재밌게 본 영화를 지인들에게 권하듯이, 기부자는 지인들에게 대리 기관을 소개할 수 있을 것이다. 마지막으로 관람객이 재밌게 봤던 영화를 다시 관람하듯이, 기부자는 만족한 대리 기관에 정기적인 기부를 약속할 수 있을 것이다.

피곤한 기부

가뜩이나 피곤한데, 기부하면서까지 피곤해야 할 이유가 있을까? 그럴 필요는 없다. '오늘은 무슨 영화를 볼까?' 포스터를 뒤져보는 데 피곤함을 느끼는 사람은 영화를 보려하지도 않았을 것이다. 영화 티켓을 구입하고 '아, 과연 어떤 영화일까?'라고 상상해보는 데 짜증이 난다면, 티켓을 구입하지 않았을 것이다.

하지만 내가 기부한 금액이 어떻게 쓰이는지를 알아보는 것은 영화 리스트를 뒤져보는 것만큼 편리하지 않을뿐더러 때로는 불가능하거나 방해를 받을 수도 있다. 그러한 우려가 있다면 금세 피로감을 느끼는 것은 당연하다. 심지어는 의도적으로 왜곡된 정보를 주거나, 착각을 불러일으킬 만한 과장된 홍보가 즐비하다고 느낀다면 혹시 모르는 실망감, 절망감 때문에 탐색이나 검증을 포기할 수도 있다.

언론은 때론 이러한 약한 고리를 심각하게 흔들기도 한다. 내가 기부한 돈이 군수업체의 주식에 투자되어 있다면 당신은 심한 배신감 때문에 힘들어 하게 될 것이다. 차라리 택시를 타는 것을 선택하고 싶어진다. 적당한 택시를 불러 세우고 몸을 구겨 넣으면 모든 근심이 사라지는 신속하고 편리한 택시타기를 선택하게 될 것이다.

그게 아니라면 기부는 그저 매표소에 돈을 지불하는 행위라고 애초부터 알고 있었을 수도 있다. 하지만 용기를 내어서 영화를 본 후를 생각해보자. 내가 선택했던 영화, 나의 돈을 지불해서 구입했던 티켓, 두 시간 동안의 몰입, 그리고 가슴 속에 담겨져 있는 감동의 깊이를 느껴보자.

만약 내가 선택한 영화가 그야말로 쓰레기 같은 영화였다면? 자신의 선택을 후회할 것이다. 후회는 자신의 선택에 대한 최소한의 책임이다. '도대체 왜 이런 영화를 만든거야!', '왜 하필 이런 영화를 선택한 거야, 바보같이!' 영화는 그 결과마저 공유할 수밖에 없다. 선택과 생산이 만나서 감동이 만들어지는 것이니까.

기부는 반드시 결과가 있게 마련이다. 그 결과는 기부자와 무관하지 않다. 때로는 나쁜 결과를 만들기도 하고, 차라리 안하느니 못한 경우도 있다. 대리 기관에게 모든 것을 맡겨놓고 어떤 결과가 만들어졌는지조차 모르고 지나치는 것이 편할지는 모르겠지만 어쨌든 내 행위의 결과는 이 세상 어디엔가 분명히 존재한다. 등을 돌려 누워있으면 내 눈에 보이지 않겠지만 이 세상 어딘가에는 내가 책임져야 할 것들이 있는 것이다.

그렇다면 이러한 책임을 느끼면서까지 꼭 기부를 해야 하는 걸까? 피곤하다. 행위가 없으면 결과도 없는 것인데, 그렇다면 차라리 가만히 있는 것이 안전하지 않은가. 불편하겠지만, 조금만 더 나아가 보자. 기부는 선택이다. 기부하지 않는 것은 선택하지 않는 행위라고 할 수 있겠다. 그러나 기부를 선택하는 것이 선택하지 않는 것보다는 이 세상의 행복에 훨씬 더 가까울 것이다.

우리는 도덕적 삶을 공동체 내 구성원에게 피해를 주지 않는 정도의 삶으로 이해하려는 경향이 있다. 물론 남에게 피해를 주지 않는 것은 도덕적으로 올바른 것이지만, 도와야 한다는 책임에 대한 관심은 도덕적인 삶에 있어서 필수적인 요소이다. 불편하고 옳지 않은 현상의 원인을 제거하는 것뿐만 아니라, 그로 인해 발생한 결과에 대해서도 책임지고자 하는 자세가 중요하다. 또한 개인 간의 공감을 넘어서서 개개인이 모인 공동체에 대한 공감을 위한 노력이 필요하다. 기부는 이러한 도덕적 삶을 지탱하는 중요한 방법이고, 포기해서는 안 되는 필수적인 삶의 자세이다.

의도하지 않은 결과

잠깐 택시 뒷좌석에 앉아 토막잠을 자다 일어나 보니 사단이 나 있었던 사건이 있었다. 아니 영화관에 들어서서 잠시 앉을 자리를 찾는 동안 사단이 일어났다고 할 수 있을 것이다. 아프리카의 한 어린아이를 오랫동안 도와왔던 한 기부자는 일상을 벗어나 아프리카 여행을 기획했다. 어슴푸레 커튼 뒤 실루엣만 보고 살아오다 이번 기회에 성장한 나의 헌신의 실체를 확인도 할 겸, 어렵게 주소지를 들고 찾아 나섰다. 나의 과거이기도 하고, 기쁨이기도 하고, 사랑이기도 한 다른 피부색의 아이를 만나면, 암전 뒤에 스크린에 담겨진 사연들이 엮어내는 감동이 밀려올 것이라고 확신하며 거리의 먼지를 뚫고 어렵게 목적지를 찾아냈을 것이다. 아이는 없었다. 있은 적도 없었다. 나의 과거는, 나의 기쁨은, 나의 사랑은 허상이었던 것이다.

사람들은 엉터리 영화를 만들어낸 영화감독을 탓하기 시작했다. 믿을 수 없는 감동의 대리 기관을 엄벌해야 한다고 목소리를 높였다. 대리 기관은 너무나 많은 대리 행위를 해야 하고, 받는 손과 주는 손의 거리가 너무나 멀다보니 길을 잃었다고 했겠지만, 감동은 사라지고 아픔이 그 자리를 대신했을 뿐이다. 기부 의도와는 무관하게 기부 결과는 참담했던 것이다.

이러한 기부 의도와 기부 결과가 다르게 나타나는 것에 대한 책임은 누가 질 것인가? 모두들 쉽게 그 책임은 커튼이 드리워진 대리 기관의 몫이라고 생각할 수 있을 것이다. 기부 결과에 대한 책임을 질 수 없는 상황에서 이를 대리 기관을 통해 전가하려 했기 때문에 당연히 그 책임은 대리 기관이 가져가야 한다고 생각한다.

하지만 모든 행위에는 책임이 따른다.

존재하지 않은 아이를 도왔다는 것은 기부자의 입장에서는 어처구니없는 일이 되겠지만, 만약 그 기부금이 대상은 다르지만 어딘가에 참 의미 있고 알차게 쓰였다면? 대리 기관이 수혜자의 정보에 대해 기부자를 속여 왔다는 것 말고는 큰 문제가 되지 않을 수 있다. 물론 그러한 속임수를 가볍게 여겨서는 안 될 것이다.

하나의 가상의 이야기를 만들어보자. 그 기부자는 찾고자 했던 아이를 어렵게 만나게 되었다. 이름도 같고 얼굴도 맞다. 그런데 생각했던 상황이 아니다. 그 아이는 부랑아(浮浪兒)가 되어 있었고 저질러서는 안 되는 일탈을 일삼고 있었다. 기부자는 당황했고 부모를 찾았지만 쉽게 찾을 수가 없었다. 수소문 끝에 찾은 그 아이의 부모는 마약에 취해 있었다. 기부자의 도움은 아이 아버지의 마약을 구입하는 데 사용되어왔다. 아이는 기댈 데가 없었고 결국 어두운 생활을 하게 되었다. 아무도 보살펴주지 않았다. 동네 사람들은 한국 사람이 아이 집안을 이렇게 망가뜨렸다고 생각하고 있었다. 누구도 그 기부자를 환영하지 않았다.

쉽게 상상할 수 없는 이야기이긴 하지만, 이 결과를 어떻게 받아들여야 할까. 전달비용을 제외한 기부금은 정확하게 그 가정에 전달되었고 그 과정에 아무런 문제가 없었다. 하지만 기부자의 의도와는 전혀 다른 결과가 나타났고, 결국 기부자는 하지 말아야 할 일을 했다고 후회하거나, 대리 기관이 제대로 관리하지 않았다고 원망했을 것이다.

다시 말하지만, 기부에는 항상 결과가 있다. 모든 이에게는 사연이 만들어지고 있으며, 또 모두가 행복하지만은 않을 것이다. 기부자나 대리 기관은 기부 결과에 대한 만족을 함께 나누거나 실패에 대한 쌍방과실에 대한 부담을 안아야 한다.

　물론 일차적인 책임은 대리 기관에게 있다. 대리 기관은 기부자로 하여금 자신들을 믿게 하는 노력을 했으나, 믿음을 뒷받침할 노력을 소홀히 했기 때문이다. 반면 기부자는 적절한 대리 기관을 선택하는데 있어서 결과적으로 실패했다.

　그러나 더 근본적인 문제는 책임지기 어려운 약속을 서로 했다는 점에 있다. 대리 기관은 자신이 책임감 있게 수행할 수 있는 방법론을 제시해야 하고, 기부의 실패율이 낮은 방법을 제시해야 한다. 효율적이고 지속성이 높은 방법을 발굴해야 한다. 기부자는 기부의 순수성을 위해서 노력해야 한다. 우월한 위치를 확인하거나 기부 결과가 개인의 만족이나 행복에 직접적으로 기여하는 방법에 현혹되어서는 안 된다. 대표적인 예로 일대일아동결연은 많은 장점을 가지고 있으나 이러한 근본적인 한계를 가지고 있다.

연해주 틀니 사건

기부의 동기와 기부의 결과가 뒤틀리는 경우는 우연한 실수를 통해서도 나타날 수 있다. 러시아 연해주는 두만강을 접하고 있는 한반도와 가장 이웃해 있는 지역이다. 이곳은 나라를 잃었을 때에는 독립운동의 무기고였고, 가뭄 때문에 농사를 짓지 못할 때엔 건너가서 농사를 지었던 곳이기도 하다. 이곳에 고려인들이 거주하다 구소련 시대 스탈린이 이들을 중앙아시아로 강제이주를 시켰다. 더 이상 고려인이 살지 않는 곳으로 바뀌었고 그대로 수십 년이 흐른 후에, 구소련이 해체되고 중앙아시아의 고려인들이 하나둘 난민의 모습으로 새로운 삶을 개척하러 모여들었다. 하지만 초기 정착 시기에 그들은 너무나 험한 환경에서 고생하지 않을 수 없었고 특히 노인들의 경우에는 마땅한 일자리가 없으니 아픈 몸을 돌보기도 어려웠다. 그들에게 의료서비스를 제공해주기 위해서 메디피스는 다양한 지원사업을 진행했다. 그 중의 하나가 연해주 고려인 노인들을 위한 틀니 지원사업이다. 일반적인 단기 의료활동은 득보다 해가 더 많겠지만, 틀니의 경우에는 사정이 좀 다르다. 흔히 이야기하기를 틀니 착용으로 5년의 생명연장 효과가 있다고도 하니 삶의 질에 상당한 영향을 미치게 한다.

그러나 틀니 제작은 참으로 손이 많이 가고 복잡한 과정과 시간이 필요하다. 멀리서 오는 사람은 잠을 잘 수 있도록 간이침대를 마련하고 반복적으로 교정을 해야 했다. 그러다 보니 틀니를 제공할 수 있는 환자의 수는 매우 제한적일 수밖에 없다. 사전에 대상자를 선정해야 하고, 일주일 일정에 틀니를 제공해 줄 수 있는 사람이 20명을 넘기지 못할 정도이다. 그래서 많은 분들에게 틀니를 제공해 드릴 수 없어서 사전에 제공받을 분들을 미리 정해야 했다. 그런데 한번은 같이 동행한 스탭의 실수로 진료 현장에서 중복해서 접수를 받아버리는 일이 발생했다. 사전교육이 원활하게 진행되지 않았던 모양인지 사전에 예약을 받았다는 사실을 몰랐던 것이다. 결국 우리 팀이 할 수 있는 역량의 두 배를 감당해야만 했다. 기공사들은 밤을 새워가며 틀니를 제작했고 결국 접수한 모든 분들에게 틀니는 제공되었다.

하지만 틀니는 참으로 세심한 신경을 쓰지 않으면 안 되는 것이다. 조금이라도 자신의 구강구조에 맞지 않으면 바로 불편함을 느끼기 때문에 노인들은 힘들어한다. 그래서 제작 후에도 몇 차례

수리를 해서 가장 편안한 상태가 될 수 있도록 배려해준다. 그러나 너무나 많은 틀니를 제작해야 하는 입장에서는 이러한 것까지 세심하게 배려할 수는 없었다. 활동을 마치고 치과진료팀이 돌아간 후에 이곳저곳에서 불평이 들려왔다. 대부분의 틀니는 사용되지 않았고 오히려 일부 노인들에게는 자신들이 무시당했다는 이유로 상처가 되었다. 차라리 안하느니 못한 결과가 나타난 것이다.

이러한 사례는 현장에서 자주 발견되는 모습이다. 기부 결과를 수혜자의 입장에서 고려하고, 순수한 기부 의도가 결과로 이어지게 하려는 시각이 부족해서 오는 현상이다. 단기 의료봉사의 경우, 그 성과를 몇 명의 환자를 진료했는지를 측정하여 그 기부 결과로 치부하는 경우를 많이 볼 수 있다. 기부자 또는 활동에 참여한 재능기부자는 행위의 결과가 수혜자의 행복에 얼마나 기여했는지를 숙고해야 할 것이다.

치과진료팀은 자신들이 가지고 있는 재능을 나누어주는 이른바 재능기부를 하신 분들이다. 참 보람 있는 시간을 보냈을 것이라고 생각했겠지만, 그들의 행동은 의도했던 결과로 이어지지는 못했다.

기부를 통한 인도주의적인 도움이 기부자의 의도에 맞는 결과를 가져오고, 수혜자의 기쁨과 만족으로 이어지기 위해서는 전달 행위 과정도 매우 중요하다. 그 과정에서 부적절한 실수나 오해, 무지가 있게 되면 이를 만회하기는 쉽지 않다. 동일 지역에 거주하며 일상적 접촉이 이어지는 관계에서는 전달 과정에서 오는 실수도 적고, 설사 있다 하더라도 극복할 수 있는 기회가 제공될 것이다. 일반적으로 직접 서비스를 제공하며 맺어지는 사실상의 '익명의 관계'에서 생기는 상처는 회복이 쉽지 않다. 그래서 우리가 반드시 고려해야 하는 것은, 대상의 필요와 대상지의 문화와 사회적 특성들이다. 또한 준비와 실행 그리고 평가 등 사업의 전 과정에서 전문적인 역량과 과학적이고 체계적인 접근이 필수적이라는 것이다.

07
위험한 기부란 무엇인가

일대일아동결연

필자가 동북아평화연대에서 활동하던 시절인 약 15년 전의 일이다. 러시아 연해주에는 약 4만 명으로 추정되는 고려인들이 거주하고 있는데, 이들은 1937년 스탈린에 의해 중앙아시아로 강제이주 당했던 고려인들의 후손이다. 이들은 우즈베키스탄을 중심으로 중앙아시아 각 나라에서 거주하다가, 구소련이 해체되면서 민족차별이나 언어문제 등으로 인해 다시 러시아로 건너와, 모스크바, 볼고그라드, 연해주 등지로 흩어져 정착하게 되었다. 모스크바는 지식인들이나 경제활동을 하는 사람들이 주로 많이 이주하고, 볼고그라드는 농업인을 중심으로 이루어졌다. 반면에 연해주는 모국과 가까운 조상들이 살았던 곳으로 가고 싶어 하는 사람들이 주를 이룬다.

하지만 러시아는 다시 돌아오는 고려인들에게 까다로운 정착 허가절차를 제시해서 이주 초기에는 대부분 주민등록을 하지 못했고, 이로 인해 정착에 어려움이 많았다. 철수한 군대의 막사를 임시 거주지로 정해주었지만 사람이 살 수 있는 상태가 아니었다.

난방시설이 없었고, 전기는 들어오지 않았다. 식수를 얻기 위해서는 멀리 떨어져 있는 식수원에서 길러 와야 했다. 창문은 깨져 있어서 비닐로 임시방편을 하며 살아가야 했다. 이들은 고려인 난민이라고 불렸다.

동북아평화연대는 다양한 활동을 통해서 이들의 정착을 지원하였다. 난민촌을 돌면서 순회 진료를 제공하고, 농업정착을 지원하기 위해서 농업기술을 전수했다. 고려인 청소년에게 다양한 교육을 제공하고, 고려인 문화센터를 만들어서 고려인 사회에 전달했다. 또한 흩어져 정착하는 고려인 가정을 돕기 위해서 일대일아동결연을 실시했다.

필자가 일대일아동결연을 처음 경험한 것이 연해주에 파견되어 있을 때인데, 이때부터 일대일아동결연에 대해서 비판적인 시각을 갖게 된 것 같다. 동북아평화연대 현지 사무소는 모금액을 전달하고 모니터링을 하는 방식을 채택했고, 실행은 지역별로 나누어서 선교사들을 통해서 진행하였다. 물론 동북아평화연대는 종교성이 없는 단체이지만, 연해주는 한반도 크기의 3/5이 넘을 정도이니 각 지역을 직접 관리할 수는 없었다. 그래서 기존에 연해주 곳곳에 파송되어 있던 선교사님들에게 부탁할 수밖에 없었다. 현지 사무소는 1개월에 한 번씩 현지 모니터링을 실시하고 모금액을 전달하였다.

어느 해 겨울, 추위 때문에 현지 사무소 직원 혼자 이동하는 것이 매우 위험해서 필자는 모니터링에 따라나선 적이 있다. 연해주의 겨울은 영하 40도 밑으로까지 내려가니 털모자 없이는 밖에 외출하는 것을 상상할 수도 없는 곳이다. 얼음낚시로 물고기를 잡으면 물고기가 물 밖으로 나오는 순간 얼어버리고 집에 도착해서 녹으면 다시 살아난다고 할 정도이다. 6시간 넘게 운전을 해서야 현장에 도착할 수 있었고 밤이 너무 깊어서 모니터링은 다음날 하기로 했다.

모니터링의 내용은 각 가정에 별다른 문제가 없는지 확인하는 것이고, 문제가 발생하면 가능한 대책을 세우는 것이 주된 것이었다. 다음 날 선교사의 교회에 사람들이 모여 있었다. 몇 가지 대화를 나누고 나서 이 분들이 모두 교회의 교인들이라는 것을 어렵지 않게 알게 되었다.

현지 동북아평화연대 담당자에게 좀 더 객관적으로 수혜자를 선정하는 것과 종교인 외에 다른 사람을 통해 일을 수행케 할 것을 건의했다. 하지만, 일대일아동결연은 수혜자와 가까이에 거주하는 사람이 일을 수행하는 것이 바람직하고, 그런 조건을 충족할 수 있는 사람은 선교사 이외에는 찾기가 어렵다는 답변만이 들려왔다.

또 하나의 문제는 거리였다. 당일에 사업장을 다녀오는 것이 매우 위험할 정도로 수혜자를 찾아가는 것은 어려움이 많았다. 그것도 혼자 이동하면 위험하니 가급적 두 사람이 동시에 이동해야 했다. 한마디로 비용이 엄청나게 든다는 것이다. 매달 몇 군데씩 모니터링을 하려면 한 달의 반 이상을 모니터링과 모금액 전달에 매달려야 하고, 여기에 투입되는 이동비용과 인건비를 계산하면 너무 비효율적인 사업인 것이다.

이 일대일아동결연 모금액을 다른 방식으로 활용하면 어떨까 건의했지만, 이 역시 목적성 모금이기 때문에 그 목적에 맞게 써야 해서 현실적으로 불가능하다는 답만 돌아왔다. 다른 업무로 바쁜 시기에는 매달 가야 하는 모니터링도 제대로 이루어지지 못했다. 몇 달치를 한꺼번에 전달하기 일쑤였다. 그렇다면 애초에 이 방식을 왜 선택했을까? 기부자들이 이 방식을 선호했기 때문이라는 것이 가장 큰 이유였다.

필자가 경험하거나 관찰한 바에 따르면, 이 외에도 이러한 기부 방식이 가지고 있는 몇 가지 위험 요소는 아래와 같다.

수혜자 선택의 공정성 문제

일반적으로 후원 받는 아이들의 입장에서 볼 때 일대일아동결연 후원을 복권 당첨과 마찬가지일 수 있기 때문에 모금 관련 전문가들은 불공정하며 커뮤니티 내에서 구성원 간 불화를 일으킬 수 있다고 본다. 이를 개선하기 위해서 대다수(의) 규모가 (큰) 대리 기관들은 개개 아이들에 집중하기보다 지역사회의 발전 프로젝트에 할당하는 양상을 보인다. 국내의 대리 기관들도 이러한 한계를 극복하기 위해서 학교, 병원 건축 등과 같은 지역개발을 위한 비용으로 활용하고 있다.

수혜자 선택의 공정성 문제는 직접적인 서비스를 제공하는 경우에 특히 중요하게 작용한다. 이 방식은 혜택을 받기 위해 경쟁이 일어나기도 하고 심지어는 선정되지 않는 사람이 직간접적으로 사업에 훼방을 놓기도 한다.

파라과이에는 산전 임산부 관리 부족, 가정 분만, 부적절한 신생아 관리 등의 이유로 뇌성마비 환자가 많기 때문에, 장애 주민들을 대상으로 재활 서비스를 제공하는 사업을 진행한 적이 있다. 진행 방식은 가정을 직접 방문하는 방문 진료를 순회하는 것이었다. 일반적으로 수혜 지역의 주민들은 서비스를 제공하는 외국 사람들이 자신이 거주하는 지역의 인력보다 월등한 역량을 가지고 있다고 단정하고, 그들의 서비스를 제공받기를 희망한다. 하지만 재활 서비스를 희망하는 모든 주민들에게 서비스를 제공할 수 없기 때문에 대상자를 선별하게 된다. 대상자 선별 이후, 선정되지 못한 가정은 부당함을 강력하게 호소했고, 사업팀을 비난하기에 이르렀다. 또한 몇몇 부유한 가정은 비용을 제공하겠다는 의사를 전달해오기도 했다. 결국 중증환자와 어린 아이 중심으로 다시 수혜자 선정 작업에 들어갔고, 그 기준에 대한 주민들의 동의를 얻어내는 작업을 어렵사리 진행해야 했다.

관계의 왜곡

비록 수혜를 받았다고 해도 기부자로부터의 소식을 받지 못하게 되면 아이들의 걱정, 질투, 실망이 뒤따른다고 한다. 게다가 기부자로부터 직접적인 재정적 지원이나 선물이 중단되었을 때, 기부자와 수혜자 간의 관계는 어떻게 남게 될지에 의문을 제기해 볼 수 있다. 결국 기부자가 수혜 받는 아이의 미래에 영향을 미치는 것이다.

기부자와 직접적인 관계를 맺은 수혜 아동은 정을 붙인 상대가 떠남으로써 나타나는 심리적인 박탈감을 느끼게 된다. 이것이 결국 아이들의 정서에 좋지 않은데, 굳게 믿고 의존하던 사람과의 이별을 통해 수혜 아동들이 겪게 되는 심리적인 상처나 좌절, 그리고 이에 따른 후유증은 어른들이 생각하는 것보다 훨씬 크다.

메디피스의 한 활동가도 이와 유사한 경험을 한 적이 있다. 그가 대학생 시절 라오스에서 해외봉사를 할 때의 이야기다. 그는 라오스의 수도인 비엔티안에서 버스로 두 시간 거리에 위치한 날럿이라는 시골마을의 한 초등학교에서 현지 아동들을 대상으로 각종 수업을 진행하고 현지 초등학교 건물의 보수작업을 진행했다. 현지의 문화와 상황을 반영한 수업 진행과 한국 대학생들과 현지인의 의사소통을 위해서, 이 모든 활동이 라오스 현지의 대학생들과 함께 이루어졌다. 그러던 어느 날 라오스 현지의 대학생은 한국에서 온 학생들에게 경고하기를, 아이들에게 사랑한다는 말을 하지 말라고 했다는 것이다. 라오스 현지 대학생의 말에 따르면, 매년 여름마다 새로운 사람들이 찾아와 사랑한다며 온갖 애정을 주다가 이내 떠나가는 모습에 아이들은 더 이상 사랑한다는 말을 믿지 않게 되었다는 것이다. 이처럼 정을 붙인 사람을 떠나보내며 아이들이 겪는 좌절은 어른들의 생각보다 클 수 있다.

가족 균열

개인 단위로 받는 후원은 후원대상이 아닌 가족 구성원들의 질투심을 유발하기도 하고, 자신의 아이에게 충분하게 기회를 제공하지 못하는 처지에 놓여 있는 부모의 열등감과 좌절감을 유발하게 된다. 부모에게는 개인단위로 받은 후원금을 공평하게 나눌 수 없는 것이 또 하나의 좌절로 느껴질 수 있는 것이다.

가족의 입장에서 보면 수혜 아동에 선정된 가족 구성원은 일종의 수입원의 역할을 부여받게 된다. 수혜 아동은 다른 가족 구성원에 비해 월등히 높은 지위를 얻게 되고, 이는 가족 내 소통의 불균형으로 이어질 수 있다. 우리나라의 경우 과거 남아선호 사상이 지배적이어서 아들은 상대적으로 딸에 비해 우월한 위치에 놓이게 되고 대부분의 기회는 아들에게 우선적으로 제공되는 경우가 많았다. 그러한 불균형은 여성들에게 깊은 상처가 되었고, 여성의 미래에 부당한 영향을 미쳤던 경험이 있다. 이렇듯 수혜

아동은 가족 내에서 또 다른 상처를 만들어내는 원인으로 작용할 가능성이 있다.

실망스러운 독립

아이들에게 교육을 제공하는 후원 프로그램은 종종 아이들을 자신들이 살고 있던 지역이나 가족들로부터 떨어져 살게 한다. 이는 명목상 수혜 아동에게 화이트칼라 직업을 얻게 해주기 위한 것이다. 결국 아이들은 수혜를 거부하고 자신의 집에 머물거나, 기술을 배우기 위해 자신들의 지역사회에서 떨어져 나와야 하는 선택을 해야 한다. 이러한 과정이 아이들에게 때론 대가에 비해 혹독한 희생을 요구하기도 한다.

더욱 문제가 되는 것은 기술을 취득하였다고 하더라도 충분한 일자리가 제공되지 않은 사회 환경에 노출되었을 때이다. 그래서 다시 자신들의 지역사회로 복귀하였을 때 지나간 시간과 노력은 긍정적인 결과를 맞이하기 어려운 경우들이 종종 발생하게 된다.

좌절된 희망

수혜자 아이들은 기부자 가족의 부유한 생활을 접한 후 자신이 처한 환경이 불만족스러워지고 자신의 삶을 더 불행하게 여기기도 하여 자기 부정을 쉽게 하게 되기도 한다. 스스로를 이류 인간으로 또는 이류 가족으로 바라보게 되고 열등감으로 삶에 대한 자세를 부정적으로 바꿀 수 있다. 특히 자신의 부모에 대한 존경심이 줄어들기도 한다.

필자는 메디피스의 활동가를 파견할 때 반드시 교육 내용에 포함시켜서 당부하는 것 중에서 특히 이러한 요소를 강조한다. 수혜 가정의 방문이나 마을 방문 시에 그들의 위계질서를 존중하고 그들 속에서 존중받는 사람에게 동일한 존경심을 표해야 한다는 것이다. 가정 내에서는 엄마와 아빠는 아이들에게 성장 시기 별로 독특한 존경과 의존을 보이게 된다. 그러나 우리 활동가가 방문하였을 때 아이들에게 존경받는 부모들은 부끄러워하거나 심지어 굽실거리는 경우도 있다. 이러한 모습이 아이들에게 비춰지게 되면 아이들은 쉽게 좌절하게 되고 자신의 가족에 대한 믿음이 줄어들 수 있다. 그래서 필자는 파견가는 활동가들에게 적절한 방식을 통해서 현지인들에게 존중의 의사를 먼저 전달해야 하고, 그들에게 어떠한 우월감도 내비치지 않도록 교육한다.

꼴찌의 함정

결연 후원이 연결된 아이들에게는 결연으로 인한 보호와 도움이 경제적, 심리적으로 긍정적인 결과가 나타날 수도 있다. 하지만 단지 선택받은 아이들에게만 혜택이 주어진다는 점에 있어서 그 주변의 모든 사람들을 도울 수 없다는 큰 단점이 있다.

선택에 있어서의 중요한 문제는 그 선택이 차별로 느껴질 수 있다는 것이다. 특히 이러한 차별의 부작용이 기부자에게 오는 것이 아니라 수혜자 또는 수혜자의 커뮤니티에 간다는 것이 더 큰 문제이다.

꼴찌의 함정에 빠졌을 경우, 이러한 부작용을 해소하는 것은 쉽지 않다. 외부인이 나타나서 이 꼴찌의 함정을 피해서 지원을 유지해 나가는 것은 어쩌면 불가능에 가까울 수 있다. 메디피스는 베트남 중부지역에서 고엽제 장애아동을 대상으로 지원사업을 꾸준히 진행해 오고 있다. 해마다 수혜 아동의 선정에 있어서 깊은 고민을 하게 되고, 이를 매우 신중하게 진행한다. 방법은 수혜 아동을 직접 선정하지 않고 지역사회에 위탁하되 원칙과 절차에 대한 합의를 사전에 꼼꼼하게 진행하는 것이다. '조국전선'이라는 기관이 이 일을 대행하고, 메디피스는 해당 마을을 방문하여 지역 여론을 경청한 후 문제가 없다고 판단되었을 때 명단을 확정하게 된다. '조국전선'은 지역사회에서 공신력을 가지고 있고, 지역사회에 대한 이해도가 높을뿐더러 지역주민들은 선정의 정확성에 대해서 신뢰를 주기 때문에 우리가 직접 수행했을 때의 문제점을 해소할 수 있게 된다.

권력화

결연후원금을 전달하거나 대상자를 선정하는 과정에서 지역사회의 권력화가 나타나기 쉽다. 수혜자로 선정되고 이를 지속하기 위해서는 기존의 수평적인 지역사회의 균형 및 인간관계가 무너지고 상하관계가 형성될 수 있다. 특히 수혜자에게 직접 기부금과 물품을 전달하는 역할의 현지 인력은 연대의 대상이나 동료로 받아들여지지 않고 상위 권력으로 비춰지게 된다.

조선족 사회가 우리 앞에 본격적으로 등장한 것은 1990년대 중반기부터였다. 당시 조선족 사회는 한국의 입국 문제로 인해 혼란의 시기를 거쳐야 했다. 이러한 시기가 지나갈 무렵에는 조선족 교육에 대한 관심이 커지기 시작했다. 그러면서 나타난 것이 조선족 학교의 교사들과의 교류와 지원이었다. 필자가 몸담고 있었던 동북아평화연대는 중국 현지에서 이러한 사업의 진행을 위해 조선족 교사와 조선족 학교를 선정하고 지원 내용을 조사하는 역할을 하는 사람이 필요했다. 능력 있는 한 조선족 청년이 이 일을 담당하게 되었고, 그는 동북3성은 물론이고 내몽골 지역까지 조선족 학교가 있는 곳이면 어디든 열심히 달려갔다. 그가 이러한 역할을 수행한 지 수년이 지난 뒤에 필자는 메디피스의 조선족 유수(left-behind) 아동 심리지원사업을 기획하기 위해 여러 곳을 그와 함께 방문하게 되었다. 서로 인접한 몇 개 지역을 방문하는 일정이었는데, 방문 지역의 경계에 해당 학교의 교장 선생님과 담당 교사 그리고 차량 기사가 대기하고 있는 것을 보고 깜짝 놀랐다. 일정을 소화하고 또 다른 지역을 방문하게 되면 어김없이 다음 학교의 교장 선생님, 담당 교사 그리고 차량 기사가 도시의 경계에서 우리 일행을 인계받고 있었다. 덕분에 편안하게 일정을 마치기는 했지만, 왠지 찜찜함을 느껴서 담당 직원에게 지나친 접대를 없애는 방법을 청했지만, 대답은 온갖 방법을 동원해봤지만 소용이 없었다는 것이다. 농담 삼아 그를 조선족 교육 대통령이라고 놀렸는데, 정말 그는 조선족 교육문제에 있어서는 대통령만큼이나 큰 권력을 갖고 있다는 생각을 했다.

강요된 공감

기부자나 수혜자 사이에서 편지 검열이나 번역은 서로의 의견을 왜곡할 여지가 있다. 의사 전달의 왜곡은 기부자와 수혜자 상호간의 교감을 차단할 수 있다. 그리고 편지, 선물교환 등의 활동은 형식적인 절차 혹은 결연금을 받기 위한 영혼 없는 노동으로 전락할 수 있다. 또한 감사 의사의 전달은 자발적이라기보다 대리 기관의 일정에 맞춰 진행되고, 정확한 기부 과정에 대한 이해가 없는 아이들에게는 감사 편지가 이유를 알 수 없는 받아쓰기가 될 수 있다. 이를 통해 아이들은 왜곡된 인간관계를 학습하게 될 수 있다.

　필자는 고려인 여학생에게 장학금을 지원한 적이 있다. 어느 날 러시아에서 근무하고 있는 동료에게 연락이 왔는데, 고려인 학생 중에 너무 공부를 잘해서 블라디보스톡 의과대학에 진학이 결정되었으나 입학금이 없어서 난감한 상황에 처해 있다는 이야기였다. 별도의 지원금이 마련되지 않은 상황이라 급한 김에 필자의 대학 동기들에게 도움을 요청했다. 급히 필요한 금액을 채워서 송금을 하였고 이 송금은 그 학생이 무사히 대학을 졸업할 때까지 이어졌다. 이렇게 장학금을 보내주기 시작한 지 얼마 되지 않아서 우수리스크 고려인문화센터 착공식을 돕기 위해서 러시아를 방문하게 되었다. 그러던 중, 행사장에서 연락을 받고 그 학생과 어머니를 만나게 되었다. 어떨 결에 이루어진 짧은 만남이었지만, 필자가 당황하기에는 충분한 시간이었다. 학생의 얼굴을 보는 순간, 그녀가 얼마나 마지못해 이 자리에 와서 나에게 고마운 인사를 전하고 있는지 충분히 읽을 수 있었다. 상황이 정리되고 생각해 보니 학생의 어머니는 고마움을 전하는 것은 당연하고 이 지원이 끊어지지 않고 지속될 수 있도록 각별히 부탁을 하고자 만남을 요청했던 것이다. 그 학생은 그러한 어머니의 손에 이끌려 나오게 된 것이다. 아직도 뭐라 표현할 수 없는 그 학생의 표정이 잊히지 않는다. 이렇게 남의 도움을 받아야만 공부할 수 있는 자신의 처지를 한탄하는 것 같기도 하고, 생전 한 번도 만나보지 못했던 사람에게 도움을 받는 상황이 본인도 당황스러운 듯 하기도 하고, 아직도 그 표정은 읽을 길이 없다. 결국 그 학생은 필자에게는 처음이자 마지막으로 만난 수혜자가 되었다.

위험한 기부란 무엇인가

비용 낭비

결연후원은 기부자 관리 단계에서 많은 비용이 소모되는 것으로 알려져 있다. 기부자들을 위한 편지, 사진, 보고, 방문 등에 관한 과도한 비용은 도움이 필요한 아이들을 지원하는 데에 더 많이 쓰여야 할 필요가 있다. 메디피스의 조사에 의하면,[19] 자신의 기부금 중 10% 이하만을 운영경비로 활용되었으면 하는 응답자가 53%였고, 심지어는 운영경비로 한 푼도 사용되지 않았으면 하는 응답자는 13%였다. 적절한 운영경비의 규모가 어느 정도인지에 대한 논의는 차치하더라도, 결연 후원이 기부자의 기대와는 거리가 먼 방식인 것은 분명하다.

   대체로 국내 NGO들이 해외아동결연 시, 한 아동 당 매달 3만 원의 결연금을 제시하고 있다. 이 3만 원 중 운영경비를 제외하고 나머지 금액이 실제 아동에게 지원될 것이다. 그렇다면 아동 1인당 소요되는 운영경비는 어느 정도일까. 단체별로 지원 시스템이 다르고 일부는 기관이나 지역사회 개발에 활용되기 때문에 다양하게 나타날 수 있을 것이다. 후원금이 각 아동 가정에 직접 전달되는 것을 가정한다면, 운영경비 중 가장 많은 비중을 차지하는 것은 후원자(기부자)의 관리 비용과 아동에게 전달하는 비용이 가장 많은 비중을 차지할 것이다. 전달비용은 전달자 1인당 1개월 동안 관리하는 아동의 수를 추산해보면 어느 정도 예측이 가능하다. 전달자 1인당 아동 100명을 관리한다면 300만 원의 후원금에 해당하는 일을 하고 있는 것이고, 아동 200명을 관리한다면 600만 원의 후원금에 해당하는 일을 하고 있다고 볼 수 있다. 전달자 1명이 200명 이상의 아동을 관리하는 것은 현실적으로 어려울 테니 최대 600만 원의 후원금에 대한 일을 1명의 전달자가 수행한다고 할 수 있겠다. 600만 원 중 200명을 후원하는 기부자에 대한 관리 비용과 1명의 전달자의 인건비(파견자의 경우 체재비 추가), 전달과정에서 필요한 교통비 등이 제외된 금액이 200명의 아동에게 나누어 전달될 것이다. 편지 번역 등은 자원봉사자를 통해 해결한다고 하더라도 상당한 비용이 들어가야 한다는 것을 알 수 있다.

종교적 저당 잡히기

일반적으로 일대일아동결연은 아이들의 요구에 맞추기보다는 종교적 경향성에 치중되어 있는 경우가 많다. 그래서 아이들은 후원을 받기 위해서 특정 종교적 행동의 강요를 받아들여야 하는 경우가 많다. 이 같은 조건부 지원은 아이들이 그들 스스로의 신조를 선택할 권리를 침해하고 민주적 의사결정을 포기시킬 수 있다. 우리나라의 경우에도 일대일아동결연은 주로 종교기관 주변에 거주하거나 출석하는 아동들을 대상으로 제공되는 경우가 많은데, 이 경우 수혜 아동은 이를 종교기관 출석에 따른 대가나 거래로 인식할 수 있다.

아동 선정이나 지원 방법이 종교적 활동과 직접적으로 연계하여 실행하지 않고 별도의 목적이나 기준에 의해 이루어지는 경우도 많이 있다. 하지만 이 경우에도 최종적인 전달자가 종교기관일 경우에는 수혜자의 입장에서 볼 때, 종교기관에 소속된 사람들 또는 지지자들로 구성된 기부자들이 자신들을 돕는 것으로 인식할 수 있다. 이 역시 간접적인 선교 효과를 가져가게 되겠지만, 수혜자들이 종교적으로 저당 잡히는 일은 벌어지지는 않을 것으로 보인다.

문화적 혼란

수혜자 쪽은 기부자의 지원이 자신의 문화와 충돌을 일으킬지라도 후원받기 위해 이를 감수해야 하는 경우가 더러 있다. 특히 아동결연의 경우 이러한 경험은 스스로를 약자로 낙인찍게 되는 결과를 낳게 되고 이는 스스로를 무기력하게 느끼게 하기 때문에 더욱 위험하다. 종종 종교 자체가 문화 충돌의 원인이 될 수도 있다.

문화적인 요소는 우리가 전혀 예상하지 못하는 곳에서 발견되는 경우가 많다. 캄보디아는 현재 200만 명이 넘는 사람들이 굶주린 채 살아가고 있고, 5세 이하 아동의 32%는 발육부진을 겪고 있을 정도로 심각한 영양문제를 안고 있다. 특히 캄보디아 사람들은 비타민과 무기질 함량이 적은 곡식을 주식으로 하는 식습관 때문에 요오드, 철분, 아연과 같은 무기질의 섭취 부족이 많은 문제를 야기하고 있다. 요오드의 경우 결핍 시에는 어른은 갑상선종, 어린이는 성장이 지연되고 인지기능이 손상되는 요오드결핍증을 생기기 쉽다. 특히 임신기에 심한 요오드 결핍은 태아에게 더욱 심각한 영향을 미치게 된다. 이러한 문제를 해결하기 위해서 영양지원활동을 하는 NGO들은 요오드염을 지속적으로 공급하는 활동도 전개한다. 요오드염을 비롯한 각종 필요 영양소를 포함한 영양 보충제는 보관과 운반의 편리를 위해 주로 분말 형태로 제공되는데, 캄보디아 사람들은 분말을 물에 타서 먹는 방식을 꺼려해서 부담을 느낀다고 한다. 문화적인 요소는 이처럼 세세한 부분에서까지 영향을 미치게 된다.

후원의 중단

모금에 유리한 일대일아동결연의 특성으로 새로운 기부자들을 많이 개발할 수는 있겠지만, 후원의 중단은 수혜자에게 심각한 악영향을 미치게 된다. 왜냐하면 일대일아동결연은 일반 후원과 달리 인간관계를 토대로 하기 때문이다. 그렇기 때문에 결연 후원이 중단된다면, 수혜자는 물질적 지지뿐만 아니라 정서적 지지 또한 상실하게 될 것이다.

수혜자와 기부자의 결연관계가 일대 다수로 맺어졌다면 그 상황이 조금은 나을 수 있으나, 일대일로 맺어졌을 경우에는 후원이 중단된 수혜자는 다음 기부자를 만나게 되기 전까지는 지원 없이 버텨내야 하는 것이다. 따라서 결연 기부 방식은 기부자의 후원 활동에 대한 책임감이 많이 요구되며 무엇보다 후원의 지속이 각별히 요구된다.

아동결연의 특성상 후원의 중단 시기를 정할 때, 고려해야 할 것이 많이 있다. 아동의 나이가 몇 살일 때까지 지원을 할지를 정하는 문제가 있고, 기부자의 입장에서는 중단에 대한 부담감과 죄책감을 느낄 수도 있다. 수혜 가정은 후원이 중단되는 상황에 대응해야 하고, 여전히 가정 내에 경제적인 문제를 안고 있을 경우에는 상실감은 더 클 수 있다. 후원금의 사용 목적이 분명하고 사용을 해야 하는 사유가 사라질 때 후원을 중단하는 것은 별다른 문제가 없겠지만 후원금 사용 목적이 생활비에 해당되면 해당 가정은 수입이 줄어드는 결과를 맞이하게 되는 것이다.

지속적 의존

후원받는 아이들은 그들이 '가난한 처지'에 있음을 항상 자각하게 되며, 스스로 자립하지 못하고 기부자에 지속적으로 의존하게 될 위험성이 있다. 아이의 행동의 기준이 자신의 가치 기준을 통해 형성되지 못하고 어떻게 보이느냐에 더 우선적인 가치를 두게 되기 때문이다. 즉 삶의 동력을 의존에 근거해 찾는 습관에 길들여지는 것이다.

이 문제는 인도주의적인 실천에 있어서 매우 중요한 요소이다. 인도주의적인 실천은 타자의 행복을 증진시키고 스스로 자립할 수 있는 힘을 키울 수 있도록 돕는 것이어야 한다. 그 실천의 결과가 상대방의 의존성을 높이게 되고 결과적으로 자립의 힘을 잃게 만드는 것이라면 실패한 행동이라고 할 수 있다. 메디피스의 베트남 장애아동 지원 사업은 이러한 점을 매우 중요한 요소로 보고 실시하고 있는 프로젝트이다. 장애아동 개인에게 직접적인 재활서비스를 제공하는 것을 최소화하고 마을의 자발적인 보건요원을 발굴해서 지역 내 보건대학과 함께 교육 과정을 개설해서 장애아동을 돌 볼 수 있는 의료적 기술 교육을 제공하고 있다. 이 보건요원들은 마을 보건소에 설치한 지역 장애아동 보호시설에서 아이들을 돌보고 이에 대한 감독은 보건소장이 담당하도록 하고 있다. 만약에 이러한 시스템을 개발하지 않고, 직접 아이들에게 재활치료를 실시했다면 당장은 호응이 좋겠지만 밑 빠진 독에 물을 붓는 격이 되었을 것이다. 그러다가 지원이 중단된다면 그 지역사회에 남아있는 것은 상실감뿐이었을 것이다. 이러한 지원 시스템을 지켜본 지역정부는 본격적인 협력에 대한 논의를 메디피스에 요청하고 자신들의 재활보건행정과 메디피스의 지원 사업을 조화롭게 만들어가려는 노력을 함께 하고 있다.

개발도상국에 대한 편견의 증가

결연후원의 홍보는 개발도상국에 대한 부정적인 편견을 낳는 데에 일조한다. 결연후원 대상이 된 아이들은 자신의 아이를 기를 수 없는 무능한 부모 아래의 피해자로, 가난하고 불쌍하게 여겨질 수 있다. 홍보에서 확인되는 바는 가난하고 가여운 아이일 뿐 그들이 어떻게, 왜, 그러한 가난에 처하게 되었는지에 대한 설명은 찾아볼 수 없다. 특히 일부 대리 기관의 경우에는 아이들의 신상과 사진을 공개하고 기부 쇼핑을 유도하는 경우가 있어서 충격을 주고 있다. 아이에 대한 간단한 프로필을 클릭하게 되면 곧장 후원 약정 안내가 제공된다. 요구하는 정보를 입력하면 일대일아동결연이 시작되게 된다. 최소한의 아이의 인권은 보호되지 못하고 있고, 아이가 처해 있는 환경에 대해 편견을 유도하게 된다.

한 사이트의 결연 후원자를 모집하는 글에는 필리핀의 한 남자 아이의 사진과 함께, "저는 ○○○이에요! 저는 필리핀에 살고 있고, 8살입니다. 저는 친구와 놀기를 좋아하고, 커서 경찰관이 되고 싶어요"라는 소개글이 적혀 있다. 이 소개글을 통해 후원의 필요성을 느끼게 하는 유인은 '필리핀'이다. 친구와 놀기 좋아하기 때문에 후원의 필요성을 느낄 리 없고, 커서 경찰관이 되어야 하니 후원해야겠다는 결심을 할 리는 없을 것이다. 필리핀에 살고 있으니 도움이 필요하다는 메시지가 전달되고 있고, 필리핀 사람들은 도움이 필요한 사람들 정도로 낙인을 찍는 것이다.

위험한 기부란 무엇인가

고액기부자의 이름표 붙이기

소액기부자의 애환

대체로 대리 기관들은 일시적이지 않고 지속적인, 고액보다는 소액을 다양한 기부자를 통해 모금하게 된다. 요즘에는 CMS가 도입되어 기부자도 대리 기관도 어렵지 않게 자동으로 반복적인 기부와 모금을 하게 되었다. 따라서 약속을 이행하지 못하는 기부자도 줄어들게 되었고 예측하기 어려운 기부액으로 인해 대리 기관은 골탕을 먹지 않아도 되게 되었다. 약속한 기부자의 통장에 잔액만 남아있으면 주기적으로 약정액은 대리 기관에게 넘어가게 되었다. 기부자는 더 이상 기부를 위한 추가적인 노력을 기울이지 않아도 된다. 그저 통장에 잔액을 남겨놓는 정도의 수고만 들이면 된다. 대리 기관은 반복적으로 기부자의 눈치를 보지 않아도 된다. 이러한 시스템은 둘 간의 관계를 매우 편한 상황에 놓이게 해준다.

그러나 편리한 이 시스템은 몇 가지 문제를 낳게 된다. 우선 소액기부자는 자신의 기부금이 어떻게 활용되는지 무관심해지기 십상이다. 물론 이러한 무관심은 기부금의 활용에 있어서 대리 기관에게 좀 더 많은 융통성을 가지게 하기도 한다. 특정 목적을 위해 기부금을 사용하기로 하였다 하더라도 그 목적을 위한 사업비 중 어느 항목에 사용할지를 제한 없이 결정할 수 있는 기회가 제공되기 때문이다. 대리 기관의 기부금 집행에 대해서는 좀 더 많은 설명이 필요할 거 같다. 예를 들어 보자.

메디피스는 탄자니아에서 모자보건 프로젝트를 수행하고 있다. 이 프로젝트에 두 사람이 매달 5만 원씩 기부하고 있다고 하자.

총액 10만 원 전액은 탄자니아 모자보건 프로젝트에 투입되었고 그 중 간접비용은 3만 원이 소요되었다. 간접비용은 프로젝트를 진행하기 위해서 반드시 필요한 통신비, 인건비, 임대료, 사무물품비 등으로 구성되어 있다. 이를 제외한 7만 원은 전액 프로젝트에 직접비용(직접사업비)으로 투입되었으니 모금액의 100% 전액이 프로젝트에 투입되었다.

그렇다면 그 100%의 사업비 중 누구의 기부금이 흔히 운영비라고 표현되는 간접비용으로 사용되었을까? 둘 중 한 사람의 기부금 5만 원 중 3만 원을 간접비용(운영비)으로 사용했을까? 아니면 각각 1만 5,000원씩을 운영비로 사용했을까? 그건 알 수 없다. 만약 돈에 이름표가 붙어있어서 그 돈이 최종적으로 가있는 곳을 찾아내면 정확하게 누구의 기부금이 어디에 어떻게 쓰여졌는지를 밝혀낼 수 있겠지만, 불행히도 돈에는 이름표가 없다. 그래서 모든 대리기관들은 누구의 기부금이 어떤 항목별로 나누어져 사용되었다고 밝힐 수 없어서 전체 모금액을 기준으로 그것이 어떻게 분배되어 사용되었는지를 공개하게 된다. 다시 말해서 탄자니아 모자보건 전체 프로젝트 모금액 중 70%는 직접사업비, 30%는 운영경비로 사용되었다고 밝히게 된다.

그러나 기부 자체가 '지정 기부'(특정한 프로젝트에 사용하라고 미리 규정을 한 후에 이루어지는 기부)가 아닌 경우에는 이마저도 불가능하다. 특정 기부자의 기부금액이 어떤 프로젝트로 쓰여졌는지를 확인할 길이 없는 것이다. 예컨대 메디피스의 경우 탄자니아, 파푸아뉴기니, 베트남, 중국, 러시아, 필리핀, 몽골, 세네갈, 볼리비아, 네팔 등 다양한 지역에서 프로젝트를 진행 중이거나 진행했는데, 특정인의 기부금이 어디로 갔는지 확인하는 것은 사실상

위험한 기부란 무엇인가

불가능하다. 특히 간접비용의 경우에는 더더욱 불가능하다. 그래서 대리 기관들은 단체의 전체 사업비 중 직접비용에 들어간 비용, 간접비용에 들어간 비용을 구분하여 밝히고, 직접비용은 각 프로젝트별로 어떻게 투입되었는지를 밝히는 것으로 대신할 수밖에 없는 것이다.

그런데 이런 식으로 기부금액을 활용하는 것을 가로막는 경우들이 있다. 나의 기부금에 이름표를 부착해달라고 요구하고 전체 사업비 중 특정 항목에만 활용할 것을 요청하는 경우이다. 특히 고액 기부자들에게 나타나고 있는 현상이고, 정부의 경우도 예외가 아니다(엄밀히 말하자면 정부는 기부자가 될 수는 없으나, 국민의 세금 중 일부를 인도주의적 활동에 사용해야 하는 예산을 집행하기 때문에 기부자의 기능을 상당부분 수행한다고 볼 수 있을 것이다).

기부금에 이름표 붙이기

예를 들면, '안 착해'라는 기업이 1,000만 원을 메디피스의 베트남 프로젝트에 기부하였다. 그런데 이 기업은 기부금의 활용에 있어서 단서 조항을 달았다. 자신이 기부한 모든 금액은 전액 수혜 대상자에게 직접혜택이 가도록 하고 일체의 운영비는 사용할 수 없다는 것이다. 즉 간접비용으로는 한 푼도 사용하지 말라는 것이다. 총사업비는 개인 기부자 2명이 기부한 120만 원과 '안 착해' 기업이 기부한 1,000만 원을 합쳐 총 1,120만 원이 되었다. 메디피스는 이 사업을 위한 운영비(간섭비용)로 120만 원을 지출하였다. 당연히 직접사업비는 1,000만 원이다. 그럼 기부금의 활용이 어떻게 구성되었는지를 보자.

'안 착해' 기업이 제공한 1,000만 원은 요청한 대로 모두 직접사업비로 활용했다. 그에 따라 나머지 개인 기부자가 제공한 120만 원은 전액 간접비용으로 활용할 수밖에 없다. '안 착해' 기업의 기부금 1,000만 원에 대한 집행 결과는 영수증을 첨부하여 연말에 보고해주었다. 결과적으로 '안 착해' 기업은 자신이 기부한 1,000만 원 이외에도 개인 기부자가 기부한 120만 원에 대한 활용까지 간섭하게 된 꼴이다. 개인 기부자의 기부금은 전액 간접비용으로 활용하도록 한 것이다. 만약 이 사실을 두 명의 개인 기부자가 안다면 어떻게 반응할까? 메디피스에 대한 불신이 생겨서 기부를 중단할 수도 있고, 환불을 요청할 수도 있다. 그러나 대부분의 기부자들은 전체 사업이 원활하게 진행되었다면 그 결과에 기여한 점에 만족할 것이다. 그런데 이런 경우라면 어떻게 반응할까?

'안 착해' 기업은 지금 베트남 시장 진출을 위해서 그 준비에 박차를 가하고 있다. 그 일환으로 메디피스의 프로젝트가 자기 기업을 홍보하는 데 매우 훌륭한 수단이 될 거라는 판단 하에 기부를 결정하였고 그 기부액은 전액 지정된 그룹을 위해서 사용되었다. 그 결과 개인 기부자는 자신의 의도와는 무관하게 '안 착해' 기업의 홍보를 위해 자신의 기부금의 일부가(정확하게 측정하기는 불가능하겠지만) 사용되고 말았다.

이러한 사건의 관점을 대리 기관으로 가져와보자. 대리 기관인 메디피스는 베트남의 고엽제 피해 아동을 위한 프로젝트를 진행하고 있다. 베트남 진출을 준비하던 '안 착해' 기업은 메디피스의 이러한 활동 내용을 우연한 기회에 접하게 되었고, 이왕이면 메디피스에 기부를 하기로 결정한다. 순수한 기부목적 외에도 덤으로 홍보효과가 크기 때문이다. 그리고 대부분 기업들이 그렇듯이 내

위험한 기부란 무엇인가

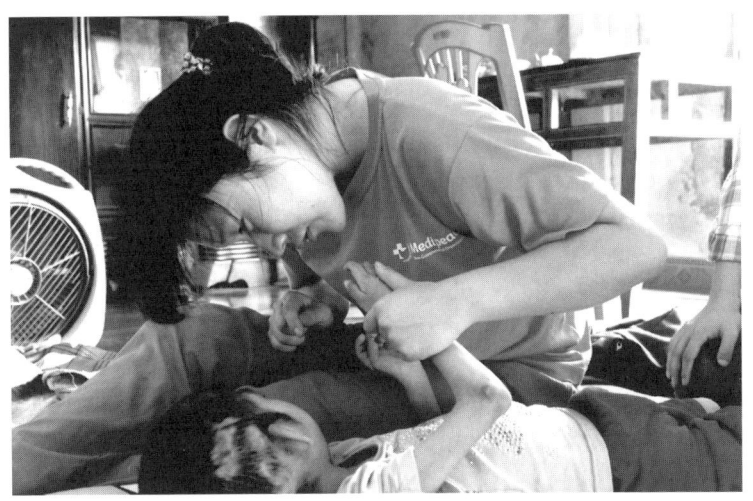

베트남 전쟁에 뿌려졌던 고엽제의 피해는 아직도 진행 중이다. 정부나 가족으로부터 제대로 보호받지 못하고 있는 고엽제 피해아동을 돕는 메디피스의 활동에 정부, 기업, 개인들이 함께 도움을 주고 있다. (사진: 메디피스 베트남 꽝찌성 고엽제피해아동 지원사업 현장, 2015. 촬영: 메디피스)

가 준 돈을 단체의 운영에 한 푼도 사용하지 말라고 당부를 했다. 다행히 메디피스는 프로젝트를 진행하기 위한 간접비용이 확보되어 있었다. 개인 기부자가 120만 원의 기부를 이미 해줬기 때문에 프로젝트를 진행하는 데는 문제가 없다. '안 착해' 기업이 제공한 1,000만 원은 전액 휠체어 구입에 활용되었다. 총사업비 1,120만 원 전액은 베트남 프로젝트에 투입되었다. 간접비용은 약 11%에 미치지 않기 때문에 메디피스는 매우 알뜰하게 프로젝트를 운영하였다고 볼 수 있다. '안 착해' 기업은 자신의 기부금은 전액 직접사업비로 사용해달라고 요청했지만, 메디피스 입장에서는 의미 없는 요구로 들린다. 어차피 전체 사업비 1,120만 원 중 1,000만 원은 휠체어를 구입할 예정이었다. 그 구입비 1,000만 원이 어떻게 구성되었는지는 알 수도 없고, 영수증만 첨부해 보내주면 된다. 개인 기부자가 '안 착해' 기업처럼 자신의 기부금의 집행에 대한 영수증을 요청하고 또 직접사업비로만 사용해달라고 요청하지 않았기 때문에, '안 착해' 기업에게 휠체어 구입 영수증을 첨부해서 보내주는 것에는 아무런 문제가 없다. 그런데 왜 '안 착해' 기업은 자신의 기부금은 직접사업비로만 활용되어야 한다고 못을 박았을까?

이제 개인 기부자의 입장에서 생각해볼 차례가 되었다. 개인 기부자는 자신의 기부금이 어떻게 활용되기를 바랄까? 메디피스가 조사해본 결과에 따르면, 자신의 기부금의 30% 이상이 운영비로 활용되어도 상관없다고 응답한 사람은 25.1%에 불과했다. 개인 기부자 역시 자신의 기부금이 간접비용에 활용되는 것에 대해서 반대하지는 않지만, 운영경비로의 사용을 일정 비율로 제한을 했으면 하는 바람을 가지고 있다. 즉 직접사업비로 지출해줄 것을 전제로 기부를 하고 있다고 봐야 한다.

그런데 실제로 한국의 정부와 일부 기업은 기부금을 제공하면서 단체 부담금이라 하여 일정 비율을 단체가 충당하도록 하고 있다. 또한 자신들의 기부금은 인건비 등 운영비(간접비용)에 사용되는 것을 전면 금지하거나 매우 제한적으로만 허용하고 있다. 결국 운영비(간접비용)의 대부분은 개인 기부자의 몫이 된다. 그러나 개인 기부자 역시 자신의 기부금이 어디에 사용되었으면 좋겠는가에 대한 대답은, 최소한 운영비는 아니다. 즉 대부분의 기부자(정부 포함)는 자신이 제공한 기부금(또는 보조금)이 가급적 운영비로 사용하지 않을 것을 요구하는 측면에서는 매우 유사하지만, 결국 고액 기부자(제공자)인 정부와 기업은 개인 기부자의 희생을 통해 자신들의 요구를 관철시킨다.

이 경우, 대리 기관은 독립성에 상처를 입게 된다. 왜냐하면 고액기부자인 정부와 기업이 그들의 정치적, 경제적 이해관계가 반영된 기부금 사용처를 고집할 경우, 대리 기관은 기존에 설정한 더 나은 기부금 사용처를 포기해야 하기 때문이다. 정부와 기업은 기부금의 활용 대상에 대해 관심을 가지고 있을 뿐, 기부가 가지고 있는 인도주의적 측면을 망각하고 있다. 스스로만을 위하는 이기적인 모습을 버리고 소통과 공감을 기반으로 서로 연대해야 한다는 인도주의적 접근이 아니라 나와 타자와의 폐쇄적인 프레임 안에서 나의 기부금 지키기에 나서고 있는 것이다. 결국 자본 또는 권력이 개인의 인도주의적 기부 의지를 꺾게 될 것이다.

나쁜 기부자들

이러한 기부금에 이름표를 붙이는 문제들 때문에 몇몇 NGO는 기부금의 활용에 있어서 일정 부분을 운영비로 활용할 수 있게끔 포괄적인 방침을 정하고 있다. 한국의 법(法)도 모금액의 15%까지 운영비로 활용할 수 있도록 규정하고 있다. 그러나 이 경우도 마찬가지로 동일 프로젝트의 기부자 그룹 속에, 나의 기부금은 운영비로 활용하지 말 것을 요청하는 기부자가 포함되어 있을 경우 다른 기부자의 기부금은 기부피해를 입게 된다. 총액에 있어서 운영비의 활용 원칙을 지킨다 하더라도 나쁜 기부자가 섞여 있게 되면 이 역시 지키기 어려운 과제가 된다. 심지어 내가 아닌 다른 기부자의 돈으로 내가 기부하는 사업의 운영비를 충당할 것을 요청하는 더 나쁜 기부자가 끼어있으면 상황은 더 어렵게 되는 것이다.

부당한 기부간섭은 기부자의 기부금액이 클수록 대체로 심해진다. 대리 기관은 더 큰 기부자의 목소리에 짓눌리게 되는 것이 당연하다. 작은 규모의 개인 기부자는 이러한 과정에서 소외되기 십 상이다. 이제 대리 기관들은 "당신의 기부금은 더 큰 기부자들의 요구에 의해서 대부분 운영비로 활용되고 있습니다" 또는 "알아서 잘 활용할 터이니 당신의 기부금이 어떻게 쓰이고 있는지에 대해서는 관심을 끊어주십시오" 또는 "우리 단체의 운영을 위해서 전액 활용할 수 있도록 우리 단체의 운영비를 후원하여 주십시오"라고 얘기해야 한다. 이른바 엔젤 기부를 해줄 것을 요청해야 하는 것이다.

NGO들은 지금 기로에 서 있다. 규모가 큰 조건부(운영비 사용 금지) 기부자와 이별을 고하든지, 소액 개인 기부자들에게 커밍아웃을 해야 한다. "당신의 기부금은 지금 부당한 기부간섭을 받고 있습니다."

그런데 왜 일부 기부자들은 그러한 기부조건을 제시하는 것일까? 아마도 자신의 기부금이 대리 기관에게 월급을 주거나 사무실 임대료로 사용되는 것은 본래의 기부목적에 어긋난다고 생각하기 때문일 것이다. 또는 믿고 싶지는 않지만 대리 기관 그룹에 대한 근본적인 불신이 있어서일 수도 있다. 정부의 경우도 예외는 아닌 것 같다. 그동안의 정부의 정책은 한국사회 기부문화의 활성화를 위해서라기보다는 모금 행위에 있어서 있을 수 있는 위법 행위를 통제하려는 태도가 더 강하다.

기부금이 간접비용으로 활용되는 것에 대한 끔찍한 거부반응을 분석해보면 갑을 의식과 공동체에 대한 책임감 부족이 놓여있음을 금방 알아차릴 수 있다. 기부는 행해지는 순간 휘발성을 가진 채 사회화가 이루어진다. 많은 기제들이 작동하고 각자가 소속되어 있는 사회와 기부금이 제공되는 사회에 파장이 미치게 된다.

위험한 기부란 무엇인가

우리 사회에는 사회적 자본이 축적되고 이 사회적 자본은 다시 밑거름이 되어 다음 단계로의 상승을 추동한다. 타자에 대한 공감의 폭이 넓어지고, 넓어진 공감의 폭은 나의 공간이 성숙해지는 데 기여하고 새로운 에너지를 유입 받게 만들어준다. 즉 기부는 수혜자가 소속된 사회를 튼튼하게 만들어주는 동력이 되는 동시에 내가 소속되어 있는 사회의 관계망과 질을 높여주는 공감의 네트워크를 확장하는 개념인 것이다. 특히 인도주의적 기부는 이러한 본질적 목적에 충실한 것이다. 기부 행위의 질은 기부 결과에 결정적인 영향을 미치는 것이다. 이러한 기부 행위에 있어서 비인도주의적 개입이 있게 되면, 기부자 사회의 발전을 막는 꼴이 된다. 좋은 기부가 될 수가 없다.

딱지 모으기

기부금에 이름표를 붙이려는 다양한 시도는 근본적으로 쓸데없는 짓이다.

필자가 초등학교 때에는 별다른 놀이가 없었다(지금도 마찬가지인 듯하다). 몇 가지 되지 않는 놀이 중에서 단연 딱지치기가 으뜸이었다. 지금 생각해보면 팔의 근력을 높여주기에는 참 좋은 운동이다. 딱지는 나의 능력을 과시해주는 좋은 수단이고 동료와의 친근감과 관계를 유지하는 좋은 수단이었다. 한참 잘 나갈 때는 작은 항아리를 가득 채울 정도로 많은 딱지를 소유하기도 했다. 그러면 몇 개의 딱지를 모았는지 몇 번이고 세고 또 세고 하면서 만족스러워 하곤 했다. 그러나 누군가가 아주 강력한 딱지를 제작해서 엄청난 승률을 올리게 되면 내 항아리는 완전히 초토화되어 버리곤 했다. 그러면 다시 더욱 강력한 마분지 딱지 제작에 들어간다. 딱딱해야 하고 무게가 있어야 하고 또 적당히 커야 한다. 딱지는 얼마든지 발품만 들이면 만들어낼 수 있지만 그렇다고 무턱대고 강력한 딱지를 제작해서는 안 된다. 나름의 룰이 있어서 딱지 리그에서 허용되지 않는 체급을 가지면 안 된다. 그러면 아무도 경쟁하려 하지 않기 때문이다. 그러니 외유내강형 딱지가 가장 강력한 무기가 되는 것이다. 그리고 딱지는 어디에도 쓸 데가 없다. 오로지 딱지치기에서만 사용될 수 있다. 딱지의 효능은 그저 따놓은 딱지를 바라보며 즐거워하거나 벌렁 뒤집어지는 상대편의 딱시를 보며 즐거워하는 것이다.

이 딱지와 기부금의 공통점은 이름표가 없다는 것이다. 우리는 어린 나이였지만 내가 딴 딱지가 누구의 딱지였는지를 따지지는 않는다. 그저 누가 많이 땄느냐의 문제만 남아있다. 누가 더 좋은 기술로, 더 센 힘으로 딱지를 따서 모았느냐만을 따지게 된다. 내 딱지가 돌고 돌아 누구의 손으로 들어갔는지, 내가 잃었던 딱지를 몇 개나 되찾았는지 따지는 어리석은 짓은 하지 않는다. 딱지는 딱지일 뿐 딱지에 담겨있는 사연은 중요한 것이 아니다.

그런데 조건부 기부자들은 이름표도 없는 돈의 사용처를 왜 이렇게 열심히 찾고 있는 것일까? 내 돈은 인건비에 활용되어서는 안 된다거나 일체의 단체 운영비에 활용되어서는 안 된다는 하나마나 한 요구를 왜 하는 것일까? 제출한 영수증이 자신이 기부한 돈이 사용된 증거인지 다른 기부자가 제공한 돈이 사용된 증거인지는 아무도 모르는데 말이다. 사용한 사람도 알 수 없는 것이다. 그저 대리 기관은 전체 모금 총액 안에서 사용해야 할 곳에 돈을 사용하고 있을 뿐이다. 그 돈이 어디에서 나온 돈인지를 확인하는 과정은 성산대교 밑에 흐르는 물이 어느 산에서 흘러내려온 물인지를 파악하려 드는 것과 다를 바가 없다. 아무도 알 수 없는 딱지에 담겨있는 신비로운 사연을 조건부 기부자와 대리 기관은 열심히 만들어가고 있다.

하지만 우리는 쉽게 그 이유를 추측할 수 있다. 백신 구입을 위해서 제공한 기부금과 모바일 클리닉 차량 구입을 위해서 제공한 기부금은 분명 다르다. 그리고 약속한 대로 그 용도대로 사용되었는지를 확인해야 한다. 누가 개인적인 용도로 횡령을 했는지, 속아서 제대로 된 물품을 구입하지는 않았는지 확인해야 한다. 그러나 그 이상을 확인하려 하는 것은 무의미하다. 이 딱지가 누구 딱지인지 확인하는 것이 아무런 의미가 없는 것과 같다. 이것을 자꾸 확인하려 하는 것이 바로 단체 부담금이라는 조건부 기부이다.

사업을 진행하기 위해서 반드시 필요한 항목들이 있게 마련이다. 이 중 하나라도 빠지게 되면 사업을 실행할 수 없는 필수불가결한 요소들이 있고 대리 기관은 이것을 위해서 반드시 비용을 지출하게 된다. 예를 들어 베트남에 고엽제 피해로 인한 장애아동에게 휠체어를 제공하기로 했다면 이를 실행하기 위해서 반드시 필요한 요소들이 있다. 우선 실행할 사람이 필요하고 현지와 연락해야 하는 통신비가 필요하다. 운반비는 물론이고 현지에서 이 일을 도울 사람을 고용해야 한다. 수혜 대상자를 선정하기 위해서 각 가정을 방문해야 하는 비용이 필요하고 조사 결과를 작성할 컴퓨터와 프린트, 종이가 필요하다. 이 전체의 비용이 3,000만 원이라 한다면, 누군가가 2,000만 원을 지원할 테니 당신 단체는 1,000만 원을 다른 기부자를 통해 확보할 것을 요청했다. 그리고 내 돈은 단지 휠체어를 구입하는 것과 운반하는 데에만 사용할 것을 요청한다. 그리고 그에 대한 증빙자료를 요청하게 된다. 3,000만 원 중 어떤 돈이 A가 기부한 돈이고 어떤 돈이 나머지 기부자들이 기부한 돈일까?

이 질문에 대답하기 위한 또 다른 방법이 개발되었다. 전용통장을 마련하고 이 통장을 통해서 휠체어 판매업체로 바로 송금하게 하는 방법이다. 그렇다면 완벽하게 기부금은 섞이지 않게 된다. '순수한' 그 돈은 어디에도 섞이지 않은 채로 '본래의' 목적대로 휠체어 구입에 사용되게 되었다. 이 완벽한 방법은 참으로 순수한 그들만의 기부목적을 이루게 만든다.

그런데 문제가 또 발생했다. 기부자는 단 둘이고 각각 동일한 액수를 기부하여 휠체어 공급을 하기로 하였다. 그런데 불행히도 이 둘은 모두 휠체어 구입비와 운반비 이외에 다른 용도로 사용되어서는 안 된다는 단서를 달았다. 기부금에 이름표를 달아주는 데는 실패했지만 '격리수용'이라는 기발한 방법을 통해 기부금의 혈통을 유지하는 데 성공한 이 기부자들은 이제 외나무다리에서 맞서게 되었다. 어떻게 할 것인가?

둘 중 하나가 양보하지 않게 되면 이 사업은 그 순간 멈추게 된다. 그러나 어느 일방이 양보할 수는 없는 입장이다. 유일하게 남아있는 방법은 둘 다 일부 양보하는 수밖에 없다. 이 일이 되게 하기 위한 필수불가결한 요소를 인정하는 것이다.

지금까지 우리나라는 개인 기부자만이 계속해서 양보해 왔다. 그들의 작은 기부, 그들의 고립, 심지어 무관심으로 인해 자신도 모르는 사이에 양보해오고 있는 것이다.

이렇게 자기도 모르는 사이에 양보해오고 있는 개인 기부자들의 기부금을 '단체부담금'이라고 한다. 단체부담금이라 하는 것은 일종의 매칭 펀드이다. 하나의 지원 사업을 위한 사업비를 조성하

위험한 기부란 무엇인가

는데 있어서 다른 기부자를 통해서 일정 비율의 사업비를 확보해야 한다는 것이다.

이러한 기발한 방법을 동원하는 가장 큰 이유는, 일정 비율의 다른 기부자를 확보할 수 있는 능력을 통해 그 단체의 역량을 평가하겠다는 것이다. 예를 들어 100만 원을 확보할 수 있는 능력을 갖춘 단체와 300만 원을 확보할 수 있는 단체는 기부의 규모를 3배까지 차이나게 하겠다는 것이다. 홍보를 잘하거나 모금을 잘하는 단체는 사업 수행을 잘할 수 있는 가능성이 높다고 판단한다. 심지어는 단체의 다른 기부자를 통해서 확보한 기부금조차 해당 단체의 인건비로 사용해서는 안 된다는 단서를 다는 정말 나쁜 기부자들도 있다. 다시 말해서 남의 기부금까지 관리하겠다는 것이다. 이렇게 정말 나쁜 기부자들은 누구일까? 이건 독자들이 찾아보기 바란다(필자는 그 정말 나쁜 기부자들과도 앞으로 오랫동안 함께 해야만 한다).

메디피스에서 조사한 바로는, 기부자들은 기부금이 본래의 목적대로 제대로 활용되고 있다고 믿는 비율이 90%로 매우 높게 나타났다. 그리고, 운영비로 활용되었으면 하는 기부금의 비율은 10% 미만이 가장 많았고, 기부금의 많은 비중이 직접 사업비로 사용될 것을 선호하고 있기 때문에 이 현실과의 괴리감은 심각한 문제가 될 수 있다. 이처럼 기부금의 활용 방법을 경직되게 만드는 나쁜 기부는 다른 동료 기부자들을 기부로부터 이탈하게 만드는 결과를 가져오게 될 것이다.

활동가의 착각: 전달자? 기부자?

전달자(모금자)의 역할과 기부자의 역할을 동시에 수행하는 활동가의 이중적인 역할은 때때로 활동가의 기부 착각을 야기한다. 기부자에게 활동가는 전달자로 비쳐지지만 수혜자에게는 기부자로 비쳐진다. 활동가는 자신을 기부자 역할로 인식하려는 경향이 있는 반면, 기부자는 활동가를 수혜자의 일부분으로 인식하기도 한다. 활동가는 기부자가 아닌데도 심지어 자신의 역할을 봉사활동이라고 규정하기도 한다. 왜냐하면 활동가는 자신의 기회비용을 제공했기 때문에, 이 또한 기부의 일종으로 생각하려는 경향이 있기 때문이다. 만약 내가 다른 선택을 했더라면 이보다 더 나은 소득이 보장되었을 것이라고 생각한다. 실제로 그럴 수도 있다. 그렇다면 이렇게 포기해야 했던 기회비용은 누가 보상해야 하는가? 활동가가 스스로 다른 대체 만족을 통해서 보상 받아야 하는가? 아니면 기부자가 이를 보상해 주어야 하는가? 만약 이 포기한 기회비용이 일종의 기부라고 한다면, 어느 누구도 보상해줄 필요는 없을 것이며 활동가 자신도 기부자가 되는 셈이다.

활동가는 기부자인가 아닌가에 대한 대답이 필요하다. 활동가는 이미 자신이 대리 기관이라는 직업을 선택한 순간, 기부가 이루어졌다고 볼 수 있는가?

임금은 노동력을 판매한 대가이다. 활동가는 단체 내에서 능력을 인정받은 만큼 승진을 하고, 승진을 하면 그만큼 높은 임금을 받게 된다. 적절한 복지를 요구하고 임금 인상을 요구한다. 더 높은 임금을 주는 단체로 이동하기도 하고 노동 시간에 대한 고려를 한다. 취직을 위해서 경쟁하기도 하고 또한 자격을 갖추려 학업을 연장하기도 한다. 그렇다면 일반적인 취업시장의 경제적 관계와 다른 것이 무엇인가?

가장 대표적인 차이점은 철저히 가치지향적인 직업이라는 것이다. 활동가가 자신의 노동력을 파는 이유는 임금보다는 공공적 가치 창출의 비중이 크다. 이를 통해 활동가는 다른 직종에 비해 좋은 평가를 받는다. 능력에 대한 평가가 아니라 사람에 대한 평가를 받는 것이다. 활동가는 그만큼 우리 사회에 많은 기여를 한다는 것에 대해 의심받지 않는다.

그러나 활동가는 기부자가 아니다. 노동자이다. 기부는 어떠한 대가가 없는 가운데 이루어져야 한다. 활동가를 기부자라고 하기에는 그 대가가 너무 많다. 문제는 활동가들의 기부 착각이다. 대표적인 것이 직업의식에서 나타난다. 이직률이 높다는 것은 근무환경이나 복지, 임금 문제가 가장 큰 이유이겠지만, 기부 착각에서 오는 것이 더 근본적일 수 있다. 기부자는 언제든지 선택할 수 있다는 생각을 갖는다. 일시적으로 중단할 수도 있고, 다른 어려움이 있으면 가장 먼저 절약할 것이 기부일 가능성이 높다. 실제로 기부를 하지 않는 가장 큰 이유는 경제적인 이유였다(61.6%).[20] 잠시 선행을 멈춘다고 죄를 짓는 것이 아니고, 내 삶에 큰 영향을 미치지도 않는다. 직장이 기부라 생각한다면 얼마든지 중단하고 다시 시작할 수 있다. 채용 면접을 보기 위해 자기소개서에 이런저런 단체에서 활동했다는 경력을 자랑스럽게 적어놓는 사람이 많다. 자신의 다양한 기부 경력을 보여주고 싶은 것이다. 그래서 많은 활동가들은 직장을 'terminal'(종착점)이라고 생각하지 않고, 'stop'(정류장)이라고 생각한다. 왔으니 곧 떠나는 것이 당연하다. 그래서 활동가들에게 가장 큰 적은 '기부 착각'인 듯하다.

하지만 노동자에게는 정당한 임금과 노동조건을 만족시켜줘야 한다. 따라서 활동가에게 어느 정도 정당한 임금을 제공하는 것에 대해 관대해야 한다. 희생을 강요하는 것은 내 기부의 가치와 효과를 떨어뜨릴 수 있다. 정당한 대우를 제공하고 필요한 능력을 요구해야 한다. 결과에 대한 평가가 제대로 이루어져야 하고, '기부 착각'에서 벗어나도록 도와야 한다. 더 역량 있는 활동가가 많아져야 기부 효과도 커질 수 있기 때문이다. 이를 위해서는 기부자의 활동가에 대한 시각이 좀 더 직업적인 관점으로 전환될 필요가 있고, 활동가의 인건비에 대해 좀 더 관대해질 필요가 있다.

08
실패한 기부란 무엇인가

기부 의도와 기부 결과의 불일치
: 수혜자의 도덕적 해이

삶의 공간이 좁았던 시기의(대부분 평생 한 동네에서 태어나 살다 죽었던 시기) 기부는 대부분 직접기부였고, 기부 의도와 기부의 결과는 대체로 동일했다. 내가 매달 50만 원의 장학금을 한 학생에게 기부하겠다는 의도가 생기게 되어 학자금을 학교에 직접 납입했다면 의도와 결과는 100% 일치하게 된다.

  그런데 매달 50만 원의 돈을 한 학생이 교과서와 학비에 쓰기를 바라는 의도에서 기부하게 되었는데, 그 학생은 이중 반만 본래 기부자가 의도했던 바대로 활용하고 나머지는 유흥에 사용했다면 과연 기부의 의도와 결과가 일치한다고 할 수 있을까? 게다가 이를 서약하였다면?

  비록 50만 원이 100% 해당 학생에게 전달되었다고는 하지만 그 돈이 어떻게 쓰였는지는 확인할 방법이 없다. 지출 내역에 대한 객관적인 증빙자료를 제시하면 확인이 가능하겠지만, 이러한 방법을 사용할 사람은 매우 드물 것이다. 기부자는 수혜 학생의 학교 성적 정도로 기부 효과를 평가하는 수밖에 없으며 본래의 용도에 적절하게 사용되었는지의 여부 확인은 포기할 수밖에 없을 것이다.

만약에 기부금액을 이용하여 탈선이나 옳지 않은 행동을 하는 데 사용했다면? 혹시라도 누군가에 대한 적개심을 이기지 못해 가해 도구를 확보하기 위해서 사용했다면? 어쨌거나 그 기부는 자신의 기부 의도와는 무관하게 사용되었고, 그 결과는 의도와 일치하지 않게 되었다. 그렇다면 착한 기부 의도는 나쁜 결과를 낳게 되지 않았는가?

실제로 수혜자의 도덕적 결함으로 인해 기부의 의도와 결과가 뒤틀리는 경우는 흔히 볼 수 있는 일이다. 예를 들어, 매우 가난한 형편에 양육할 자식들이 너무 많아 고생하는 사람에게 일정 금액을 매달 기부하기로 했다고 하자. 처음 몇 달은 아이들의 영양공급을 위해 주로 활용되었고, 일부는 가옥을 수리하는 데 사용했다고 치자. 그런데 어느 날 기부금을 수령해오던 아버지는 밤새 돌아오지 않았다. 새벽에 지친 모습으로 돌아온 아버지는, 돈을 길에서 잃어버려 밤새 찾아 나섰지만 결국 허탕이었다고 슬픈 표정으로 식구들에게 사과를 했다. 그런데 그 다음 달도 어찌된 일인지 또 다른 이유로 인해서 기부금은 가족들에게 돌아오지 못했다. 아버지는 그 돈을 노름에 탕진하게 된 것이다. 가난했지만 그래도 얼굴 찡그리지 않고 살아오던 이 가족은 이제 아버지의 노름 때문에 더 큰 고통에 빠지게 되었다. 결국 착한 기부 동기는 나쁜 결과로 마무리되었다. 이러한 상황을 목격한 대리 기관으로부터 기부금은 더 이상 도착하지 않았던 것이다.

기부 목적과 기부 결과의 불일치

또 다른 경우를 보자. 기부자는 어느 국가의 저소득층 학생들에게 장학금을 제공하고 싶어 한다. 그리고 대리 기관은 이러한 기부자의 의도를 잘 파악하여 장학금 모금을 시작하였다. 많은 호응을 얻어 이 사업은 일정 규모의 모금에 성공하여 실행하게 되었다. 그런데 실제 사용된 것은 장학금이 아니라 영농자금으로 활용되었다. 대리 기관은 이 영농자금이 각 가정의 수입을 증가시키므로, 자녀들의 학자금이 마련되어 많은 아이들이 학교에 다닐 수 있게 되는 효과가 있다고 믿는다. 그뿐만 아니라 영농자금 지원이 가계에 도움이 되므로 장학금 지원보다 더욱 지속적이고 효과적인 지원이라고 믿고 있다. 그런데 결과는 수년 동안 이어진 가뭄에 의해서 결국 이 영농자금은 장학금으로서의 효과를 발휘하지 못하였다. 물론 아이들을 학교에 보낼 비용을 확보하지 못하였고 아이들에게는 장학금 대신에 하루 종일 내리쬐는 뜨거운 태양열만이 제공되었을 뿐이었다. 이 기부는 사업의 실패로 인하여 모금 목적에 맞지 않은 기부가 되어버렸다. 이 또한 기부 목적과 다른 결과를 낳게 되는 사례이다.

기부 목적과 다른 결과를 낳는 사례는 또 있다.

모금액이 사업비를 초과하였을 경우, 더 이상의 사업의 확대가 필요치 않다고 판단하고 다른 목적으로 활용되는 경우다. A라는 지역에 각 마을마다 마을회관 10곳을 지워주기로 하고 모금에 들어갔다. 각 마을마다 300만 원이 소요되는데, 모금액은 4,000만 원이 되었다고 하자. 모금에 참여한 개인은 100명이었고 특정 기관에서 2,000만 원을 기부하였다. 결국 1,000만 원의 모금액은 이

지역에 사용될 필요가 없게 되어 남게 되었다. 그리고 이 금액은 또 다른 프로젝트의 홍보비로 활용되었다. 특정기관에서 기부 받은 2,000만 원은 100% 사업비로 활용하기로 약속하였으므로 결국 100명의 개인 기부자의 2,000만 원 중 1,000만 원은 다른 목적으로 사용되었다는 것이다. 만약 특정 기관이 전액을 사업비로만 사용할 것을 요구하지 않았다면 전체 모금액의 25%가 다른 목적으로 사용되었을 것이지만, 특정 기관은 100% 사업비로 사용할 것을 요구하였기 때문에 개인 기부자의 기부금 50%는 다른 목적으로 활용된 꼴이 된다.

그러나 NGO의 활동가들은 개인 기부자와 기업 및 정부 기부자들의 기부금을 섞어 쓰면서 이렇듯 기부 동기 충돌을 두고 그다지 고민하지 않는다. 돈에는 기부자의 이름표가 없기 때문이다. 이것은 기부자의 동기와 목적이 기부의 결과와 차이를 나타내는 한 단면이다.

한 가지 경우를 더 살펴보자.

대리 기관은 두 군데의 사업장을 두고 있다. 하나는 아프리카의 한 국가이고 또 한 곳은 아시아의 한 국가라고 하자. 이 대리 기관은 두 군데를 위해 함께 모금을 했고, 각각 3명씩 기부를 하여 지원 사업이 진행되었다. 동일하게 두 군데 모두 각각 50만 원의 기부가 이루어졌다. 그런데 이 대리 기관은 아프리카는 60만 원, 아시아는 40만 원을 지원하기로 하였다고 하자. 이는 기부자의 의도와는 다른 행위가 된다. 아프리카는 10만 원의 사업비를 더 집행하게 된 반면 아시아는 10만 원을 덜 집행하게 되었다. 그러나 기부자 6명은 모두 자신의 의도했던 지역에 기부금이 활용되었다고 믿고 있다. 대리 기관은 피치 못할 사정에 의하거나 합리적인 판

착한 기부, 나쁜 기부

단에 의해서 이러한 결론을 내렸을 것이다. 반면 기부자는 자신의 기부금이 예정했던 지역에서 활용되지 않을 것이라는 의심할 만한 계기를 찾기가 어려울 것이다.

실제로 여러 NGO들은 북한에 대한 기부금이 본래 기대했거나 필요한 금액만큼 채워지지 않는 경우가 많아서 다른 지역에 활용할 기부금을 사용하는 사례들이 있었다. 이런 경우 대리 기관은 자신의 임무를 제대로 수행하지 못했다고 할 수 있다. 그리고 기부자들에게 당신들의 기부금의 일부는 다른 목적으로 활용될 것이라는 사전 동의를 얻어야 한다. 기부자의 수가 3명이면 그렇게 할 수 있겠지만 만약 수천 명이라면 어떻게 할 것인가? 현실적으로 불가능한 일이다. 이러한 경우는 기부자의 의도와 다른 결과가 나타난 실패한 기부라는 점이 분명하다.

IV

착한 기부를 위하여

09
인도주의적 시각

인도주의의 개념

인도주의(humanitarianism)는 비교적 최근에 우리 사회에 소개되었다. 인도주의에 관한 학술적인 저서가 2008년 처음으로 미국에서 출판된 것을 보면 아직까지 인도주의의 학문적 정립은 확실히 이루어지지 않았음을 알 수 있다. 물론 인도주의의 개념에 대한 논쟁은 지금까지도 활발히 진행되고 있다. 어떤 사람은 인도주의를 과거 공산주의의 대체라고 보는 사람도 있는가 하면, 생명 구조와 고통 경감에 초점을 두는 긴급구호를 중심으로 보는 경우도 있다.

그래서 메디피스는 인도주의에 대한 이해를 높이고자 옥스퍼드 대학교 웰컴연구소와 함께 '2012년 대한민국 인도주의 페스티벌'을 개최한 바 있다. 인도주의와 인권, 한국의 인도주의 등의 다양한 이슈를 논의하고, 인도주의 아카데미 등의 접근방법을 통해 진지한 논의가 이루어졌다. 옥스퍼드 대학교에서는 쥴리안 사불레스크(Julian Savulescu)와 마크 해리슨(Mark Harisson) 등의 학자들이 참여하여 인도주의에 대한 개념적 접근과 메디피스 활동과 같은 신인도주의(the new humanitarianism), 특히 인도주의를 자치와 연계하여 접근하는 새로운 시각을 제시했다.

인도주의는 개념적으로 보편성(universality) 원칙을 기본으로 한다. 이는 인간을 대할 때 차별과 편견이 있어서는 안 된다는 것을 뜻하고, 넓은 의미로서의 공정성(impartiality, 어느 한 쪽에 치우치지 않는 태도)으로 인도주의는 이 기반 위에 있다. 이러한 인도주의적 실천이 우리의 역사와 사회에 나타난 모습으로는 노예제 폐지, 19세기 노동자 환경 개선, 수감자 교화, 감옥 환경 개선, 고문 폐지, 정신질환자에 대한 처우 개선, 19세기 여성에 대한 대우 개선, 동물학대 금지 등을 들 수 있다. 이러한 예는 보편적인 인도주의적 활동이 자선 활동이나 긴급구호를 넘어서 우리 사회의 긍정적 변화에 큰 영향을 미칠 수 있는 활동임을 말해준다. 따라서 우리는 올바른 인도주의적 활동이 무엇인지에 대해 진지한 고민을 해 볼 필요가 있다.

쥴리안 사불레스크(Julian Savulescu)는 인도주의가 역사적으로 편파적이지 않은 자비심으로 인식되어 왔으며, 선함의 윤리학, 보편적 인간에 대한 동정과 자비심에 그 근원을 두고 있다고 한다. 즉 인도주의는 인간을 대할 때 차별과 편견이 개입되어서는 안 된다는 보편성과 그러한 보편성을 바탕으로 한 이타주의를 통해 도움이 필요한 사람들의 요구에 마땅히 응하는 행위를 말한다.

마크 해리슨(Mark Harrison)은 인도주의는 보편적 권리인 인권을 옹호하기 위해 취하는 모든 행동이며, 인도주의가 200년 동안 많이 변화해 왔지만 한 가지 변하지 않는 핵심은 우리 사회가 좀 더 좋은 사회가 되기 위하여 개입하는 다양한 방식의 활동이라고 말한다. 즉 인권은 보편적인 권리이고, 인도주의는 그것을 도와주는 것이다. 인도주의가 목적으로 삼는 인권에는 자유를 누릴 권리와 정치에 참여할 권리가 포함된다. 특히 근래에는 건강권을 인권에 포함시키는 경향이 두드러지고 있다.

인도주의는 휴머니즘에 기반하고 보편적 윤리 원칙을 지키고, 행동에 있어서 몇 가지 양보할 수 없는 원칙들이 있으며, 대체적으로 지역사회에 기반하고 인권 증진을 목표로 삼는다. 이렇게 다양한 쟁점들이 있지만 아직 우리 사회에서는 인도주의에 대해 이렇다 할 논의가 이루어지고 있지 않다.

인도주의는 역사적 배경에 따라 그 의미가 달리 받아들여지기도 하고, 인도주의 활동의 내용이나 성격 역시 시대에 따른 달라지기도 한다. 20세기 중반부터 현재까지 인도주의의 용어를 가장 활발하게 활용하는 곳 중 하나는 바로 UN이다. 그 결과, 식민지배에 인도주의가 활용되었듯이 인도주의를 위한 군대까지 편성되기에 이르렀다. 그러한 과정에서 적지 않은 개념적 혼란이 불가피해졌다. 인도주의와 관련되어 사용되는 몇 가지 용어나 논의에 대해서 간단하게 정리하면 다음과 같다.

인도주의적 개입(humanitarian intervention)

특정 국가 권력이 그 나라의 국민들에게 너무나도 부당하고 잔혹한 행위로 국제사회의 양심을 경악케 하는 경우, 이를 중지시키기 위해서 다른 한 국가 또는 여러 국가가 연합하여 합법적인 무력을 행사하는 것을 말한다. 인도주의적 간섭이라고도 한다. 그러나 이러한 인도주의적 개입은 상당히 오용되어 왔고, 특히 강대국이 약소국가를 침입하거나 점령하는 구실로 이용되기도 했다.

인도주의적 개입의 대표적인 사례는 다음과 같다. 2011년 리비아 봉기에서 카다피, 전 리비아 총리가 공군을 동원해 민간인을 학살하자, 이에 대한 국제사회의 항의가 거세졌고 2011년 3월 19일부터 미국의 오디세이 새벽 작전, 영국의 엘라미 작전, 프랑스의 아르마탕 작전, 캐나다의 모바일 작전이 실시되었다. 또한 1999년 NATO의 유고슬라비아 공습 역시 인도주의적 개입에 해당된다.

인도적 지원(humanitarian assistance)

인도주의적 지원의 줄임말이지만 통상적으로 국제적 재난 및 분쟁으로 인한 재건복구와 관련된 활동을 말한다. 특히 우리나라에서는 북한에 대한 인도적 지원이나 재난대응 활동 등이 있다. 이러한 활동을 좁은 의미의 인도주의라고 한다.

긴급구호의 경우는 인도주의적 활동이지만, 인도주의적 원칙에서 중요한 부분인 책임성에 있어서 신중한 고려가 필요하다. 특히 고통 받는 개인을 타깃으로 일시적인 긴급구호가 이루어졌을 경우 자치성을 보장하는 데에는 어려움이 따른다. 긴급구호의 목표는 일반적으로 개인 하나 하나의 생명 구조, 고통 경감 등이기 때문에, 수혜 집단과의 협력 방안 마련과 집단의 자치성 확보에 대한 관심이 비교적 적을 것이기 때문이다.

자선과 선교

기부자는 자신이 기대하는 기부 효과에 잘 호응할 수 있는 적절한 대리 기관을 선정해야 한다. 이를 위해 기부자는 먼저 기부의 의도를 자선과 인도주의로 크게 나누어 확인해보는 것이 좋다. 자선과 인도주의는 언뜻 유사한 듯하지만 실제 목표하는 바는 차이가 클 수 있고, 특히 자비심에 호소하는 자선은 종교적 목적을 가지는 경우가 일반적이다.

자선 활동은 주로 종교적 교리에 맞는 삶과 생활을 실천하려는 이유에서 많이 나타난다. 또한 선교의 목적을 이루기 위해 주민들에게 자선적 활동을 제공하는 경우도 있다. 자선과 선교가 어떻게 밀접하게 연결되어 있을까? 조선시대 개신교 선교사들이 겪었던 문명과 선교의 갈등을 통해 그 단초를 발견할 수 있다.21)

일반적으로 개항기 조선에 들어와 활동한 미국 개신교 선교사들은 교육과 의료 분야를 위시하여 당시 조선 사회의 근대화를 위해 크게 공헌했던 것으로 이해되고 있다. 사실 '최초의 근대식'(또는 서양식)이라는 수식어가 붙는 많은 시설과 사회 제도들이 선교사들의 활동과 연관되어 있었다. 최초의 서양식 병원이라 일컬어지는 제중원이나 시병원(施病院), 그리고 최초의 서양식 학교라 일컬어지는 육영공원(育英公院)이나 배재학당(培材學堂) 등은 모두 미국인 선교사들과 관련되어 있다. 그래서 개신교 선교사들의 활동은 낙후된 조선 사회에 근대 문명의 빛을 가져다주었다는 인식이 널리 퍼져 있는 것이 사실이다.

그런데 논자에 따라서는 개신교 선교사들의 초기 선교 활동에서 많은 비중을 차지했던 교육과 의료 활동은 부차적인 것이었고 그들의 본래 의도에서 벗어난 것이었다는 지적도 있다. 말하자면 그들의 활동이 조선의 근대화에 중대한 의미를 가질지라도, 그들에게 가장 중요한 관심은 한국인들의 영혼 구원뿐이었다는 것이다. 하지만 우리는 선교와 문명의 두 갈림길에 대해 좀 더 자세하게 검토해볼 필요가 있다. 왜냐하면 개신교 선교사들의 의식 속에서 개신교 신앙의 전파와 서구 문명의 전파라는 두 개의 길은 매

인도주의적 시각

우 복잡하게 얽혀 있기 때문이다. 그러므로 개신교 선교사들에게 개신교 신앙을 전파하는 선교 활동과, 서양의 근대적인 문물과 제도를 조선 사회에 도입하는 사회 활동은 선교라는 근본 목적과 이를 위한 수단의 관계로만 볼 수 없는 복잡한 문제다. 이것은 그들의 선교 정책과 관련되어 있으며, 비서구 지역 선교에 대한 근본적인 입장을 반영하고 있다. 그러면 선교 정책이나 현지인에 대한 태도에서 확연한 차이를 보이는 장로회 선교사들과 감리회 선교사들의 입장 차이를 살펴보자.

장로회에 비해 상대적으로 교육과 의료 선교에 적극적이었던 감리회 선교사들은 학교, 병원, 인쇄소 등 근대적인 기구들을 활용하여 개신교의 복음을 전하는 간접 선교를 주된 활동 방침으로 삼았던 것으로 평가된다. 이러한 선교 정책의 기저에 자리 잡고 있는 것을 이른바 '기독교 문명론'이라 명명할 수 있다. 즉 선교란 해당 지역의 문명 전체를 기독교화하는 것으로 인식된다. 따라서 선교사들은 개인의 영적 구원뿐만 아니라 사회적 차원의 구원을 위해서도 노력해야 하며, 교육과 의료 사업은 이를 위한 효과적인 방법이 될 수 있다는 것이다.

위에 언급한 내용은 이른바 떡과 복음에 대한 이야기로, 어느 교단이 어떤 관점을 가지고 복음을 전했는지를 보여주려는 것이 아니다. 선교의 과정에서 나타났던 교육, 의료, 문명, 근대적인 문물, 근대적인 제도와 같은 용어들은 모두 자선과 관련을 갖고 있다는 것을 보여주려는 것이다. 이와 같이 자선 행위는 일반적으로 종교기관에 집중되어 있고, 신앙생활의 일부로서 행해지는 경우가 많다.

당시 자선의 배경에는, '조선이라는 사회의 한계를 어떻게 극복할 수 있게 할 것인가', '사람들의 문제를 어떻게 과학적으로 접근하여 극복하도록 도울 것인가'의 문제보다는 기독교화를 통한 문명화를 어떤 방식으로 진행할 것인가의 문제가 더 중요하게 다뤄졌다. 당시 개신교 선교사들은 기독교화와 문명화를 동일한 것으로 간주함으로써 기독교 우월주의를 서구 중심주의와 곧바로 결합하고 있었다. 개신교 교리에 따라 사랑을 실천하는 것은 곧 기독교화와 문명화였던 것이고, 야만을 문명으로 바꾸는 구원이었던 것이다.

자선과 인도주의의 경계는 두껍게 형성되는 경우가 많다. 언뜻 봐서는 이 두 가지의 접근방법이 동일한 것으로 보인다. 자선과 인도주의적 활동 모두 선한 동기에 기반하고 있고 이타적인 마음이 기반이 되기 때문이다. 특히 일방향적 관계의 입장에서 보면 더욱 그렇다. 기부자와 수혜자의 관계를 쌍방의 관계, 연대의 관계가 아닌 주는 사람의 입장에서만 고려했을 때, 이 두 가지 접근방법은 매우 유사해 보인다.

이러한 자선과 인도주의의 유사성 때문에, 기부자는 도움의 접근 방법이나 의도에 따라 기부의 결과가 다를 수 있다는 생각을 하기 어렵게 된다. 그뿐만 아니라 다양한 입장의 대리 기관(NGO)들이 활동방식과 미션의 경계를 모호하거나 포괄적으로 설정하는 경향이 있어서 자선에 기반한 NGO와 인도주의에 기반한 NGO의 구분을 더욱 어렵게 한다. 예를 들어 대표적인 자선 사업인 일대일아동결연의 경우, 모금은 일대일아동결연으로 캠페인을 전개하지만, 실제 모금액은 지역사회의 강화를 위해 구체적인 프로그램 실행에 투입하여 인도주의적 접근을 하는 경우가 그렇다.

선교는 구제의 국제적 표준을 지켜야 효과적이고, 특정 상황에

인도주의적 시각

대처하기 위한 적절하고 현실적인 전략이 필요하며, 선교의 성공을 위해서라도 지역사회 개발과 직결되는 사업 전략이 절실히 요청된다. 실제 선교에 대한 이러한 견해22)가 제시하고 있는 기준은 인도주의의 기준과도 유사한데, 전통적인 자선 사업의 한계를 극복하고 지역사회와 사업의 결과를 중시하는 방향으로 보완하기 위한 것으로 판단된다. 그러나 자선 활동은 자비심에 호소한다는 점에서 선택의 공정성에 위배될 여지를 지니고 있다. 특히 종교적인 목적을 갖는 자선 활동의 경우, 정치와 종교에 중립적이어야 하는 인도주의 원칙과 거리가 있다.

인도주의 대 자선

인도주의와 자선의 가장 큰 차이점은 그 최종 목적에 있다. 인도주의는 인권 도모를 최종 목적으로 삼으며 모든 인간의 자유를 누릴 권리, 정치에 참여할 권리를 포함한다. 특히 근래 인도주의가 더 구체화되면서 건강권에 대한 개념도 인권에 포함하고 있다는 것이 자선 사업과 다른 점이라 볼 수 있다.

인도주의 활동은 앞서 말했던 바와 같이 모든 인간이라면 인간답게 살 권리가 있다는 인권의 본질과 인간을 인간답게 하고자 하는 휴머니즘(humanism, 인간다움)의 본질을 현실 속에서 실천하고자 하는 데에 그 목적을 둔다. 따라서 인도주의적 활동은 우리가 함께 모여 구성한 사회를 좀 더 인간답게 살 수 있는 공간이 될 수 있도록 하는 노력 그 자체에서 활동의 정당성을 확보하고, 바로 그 자체가 활동의 참여를 이끌어 내는 원천이 될 수 있다. 즉 인간다운 삶을 지향하는 인간으로서 인간다움을 개인의 차원에서뿐만 아니라 사회 속에서 실천하고, 더 나아가 그 실천이 인류에까지 도달할 수 있는 충분한 잠재력을 지닌 것이 인도주의이다. 반면 자선(charity)은 그 활동의 참여를 이끌어 내는 원천을 자비심의 호소에 두고 있다는 점에서 앞서 말한 인도주의와 차이를 보인다.23)

우선 인도주의는 국제적인 문제를 해결하려는 경향이 강하고, 자선은 지역적 문제를 해결하기 위해서 노력하는 경향이 있다. 둘째로, 인도주의는 인종이나 종교, 국가를 초월한 보편적(universal) 적용을 추구하는 반면 자선은 특수한(partial) 대상을 삼는 경향이 있다. 셋째로, 인도주의는 지원이나 도움에 있어서 무조건성을 특징으로 하고(단 정부의 지원을 받는 경우에는 조건적일 수 있다), 자선은 종종 조건적 지원을 하는 경우가 있다. 마지막으로 인도주의는 인간의 존엄성을 추구하고 비종교성을 추구하지만(종교적 동기를 가질 수는 있으나 목적은 비종교적이다), 자선은 종교적인 접근이 많다.

좀 더 책임감 있는 기부자가 되기 위해서는 대리 기관이 어떠한 목적을 가지고 있는지를 먼저 판단해야 하고, 그 판단의 첫걸음은 대리 기관의 최종목적이 인도주의를 향하는지 선교 또는 자선을 향하는지를 분류하는 것이다. 수혜자의 입장에서 본다면 자신이 살고 있는 지역사회에 기반하여 삶의 질을 높이는 것인지, 새롭게 얻은 신앙심으로 인해 새로운 삶을 살게 되는지, 이 둘 중에 어디에 더 많은 가치를 두느냐의 문제일 수도 있다. 기부자는 이 두 가지 가치 중 어느 하나를 선택하여, 그에 걸맞은 대리 기관을 선정해야 한다.

인도주의적 시각

국제개발협력 대 인도주의

누군가가 필자에게 무슨 일을 하며 사냐고 묻는다면, 인도주의 NGO 활동을 한다고 대답하곤 한다. 사실 인도주의 NGO라고 분명하게 말하기 시작한 것은 NGO 활동을 시작하고 나서 적지 않은 시간이 흐른 뒤였다.

흔히 메디피스와 같은 단체를 일컬어 개발협력 NGO라고 분류하는 경우를 많이 보는데, 사실 메디피스는 개발협력으로는 표현하기 어려운 단체이다. 개발협력이란 용어는 그 시작이 정부 간 협력, 특히 경제협력의 과정에서 나온 것이어서 NGO들이 가져다 쓰기에는 너무 많은 차이가 있다. 그 본격적인 시작이 세계대전이 끝날 무렵 새로운 세계 정치, 경제 질서를 재편하는 과정에서 정립된 개념이라, NGO들이 일반적으로 추구하는 가치와는 거리가 멀다.

개발이 전 세계의 공통 전략이 된 것은 20세기 중반에 들어서였고, 신생 독립국들이 구식민 지배의 해독제로서 개발의 가치를 적극적으로 받아들였다고 한다.[24] 20세기 중반의 개발 프로젝트는 냉전 구도의 세계 질서 속에서 나라별 경제 성장을 국제적으로 조율하는 것이 주된 쟁점이었고, 여기에는 초강대국이 제공한 재정, 기술, 군사 지원이 포함되었던 것이다. 실제로 박정희 시대의 우리나라의 개발을 위한 대표적인 정책 구호는 "싸우면서 건설하자"였다. 냉전시대에 반공과 개발은 동전의 양면이었다. 국제개발은 국가의 입장에서 전략적으로 활용해야 하는 국가 운영 수단이었던 것이다.

냉전 후, 반공 벨트를 구축하는 수단으로서의 국제개발의 중요성은 사라졌거나 희미해지면서 이데올로기의 영향력이 약해진 새

천년개발계획(MDGs)이라는 개발협력 전략이 등장했다. 국가개발계획이란, 국가 간 또는 다국가 간 국가 전략이자 세계 전략인 것이다. 그런데도 국내외를 막론하고 많은 NGO에서 활동하는 사람들은 자신들이 국제개발협력 일을 하고 있다고들 한다. 그리고 자신들이 활동하는 NGO를 줄여서 개발 NGO라고 칭하기까지 한다. 활동가들을 개발원조활동가(development aid worker) 등으로 부르는 경우도 흔하다. 이는 인권에 기반한 국제개발이라든가 인도주의적 가치를 실현하는 국제개발로 발전해야 한다는 목소리가 커지고 있고 NGO들은 이러한 역할을 적극적으로 수행해야 한다고 생각하는 사명감이 작용했기 때문이기도 하다. 이렇듯 올바른 국제개발협력이 이루어지도록 NGO들이 나서서 힘을 보태는 것은 의미 있는 일이다. 하지만 NGO 스스로 자신의 정체성을 국제개발협력에 놓여있다고 하는 것은 다시 한 번 곰곰이 생각해 볼 일이다. 정부는 ODA 자금의 일부를 민간단체에 제공하는 일을 하고 있으니, 정부 입장에서 보면 ODA 자금을 활용하는 민간단체를 편하게 개발 NGO로 분류할 수 있을 것이다. 아마도 이러한 표현이 NGO 활동가들에게도 자연스럽게 흘러들어가지 않았나 싶다.

한편에서는 충분히 이해가 가기도 하지만, 국제개발협력 그리고 개발 NGO라는 단어로 메디피스와 같은 NGO가 추구하는 가치를 표현하기에는 다소 애매한 부분이 있다. 차라리 종교에 기반을 둔 NGO는 뭐라 표현해도 그 근본 가치는 종교적 교리에 있기 때문에 흔들리지 않을 것이다. 그런데 국제개발협력 사업에 참여는 하고 있지만 오로지 국제개발협력 사업을 위해서 만들어진 게 아닌 메디피스와 같은 비종교적 단체는 딱히 그 공통의 미션을 찾기

인도주의적 시각

가 쉽지 않다.

　이러한 혼란이 오는 또 하나의 이유는 인도주의에 대한 개념이 아직까지 또렷하게 정립되지 않았기 때문이다. 많은 사람들이 인도주의를 인도적 지원, 즉 긴급구호로 인식하고 있기도 하다. 그럼에도 불구하고 기부에 있어서 가장 중요하고 핵심적인 가치는 인도주의에 두어야 한다. 올바른 인도주의가 추구하는 가치는 인간의 보편적 인권과 인간 생존의 근본인 커뮤니티를 강화시켜줄 수 있기 때문이다. 따라서 기부 실패의 가능성을 최소화하고 인간의 연대를 강화시키는데 있어서 가장 바람직한 가치이자 방법론은 인도주의다.

인도주의의 역사

인도주의는 어떤 역사적 과정을 거쳐 현재에 이르게 되었는가? 인도주의가 지나온 역사를 간략하게 살펴보면서, 역사적으로 얼마나 다양한 얼굴을 하고 있었는지, 인도주의가 나아가야 할 방향은 어디인지 모색해 보기로 하자.

인도주의의 맹아: 계몽주의

대부분의 학자들은 계몽주의를 인도주의의 뿌리로 제시한다. 17세기에서 18세기, 유럽은 길고 길었던 중세 시대의 막을 내리고 인간 이성을 내세우는 새로운 시대를 열게 된다. 바로 계몽주의의 등장이다. 몽테스키외, 루소, 볼테르 등은 당대의 사상을 이끈 대표적인 인물들이었다. 계몽주의는 신의 위치를 인간으로 대체시켰다. 무엇보다 인간을 중요시 생각하고 인간을 집중적으로 탐구하기 시작했다. 이는 곧 자유와 평등사상을 낳았다. 이와 같이, 계몽사상은 인간의 존엄성과 평등 그리고 자유를 강조함으로써 유럽의 중세 시대의 전제군주와 로마 가톨릭교회의 굴레로부터 인간 이성의 해방을 주장했다.

이뿐만 아니라, 계몽주의는 인간 이성을 바탕으로 새로운 문화와 문명을 건설하고자 했다. 즉 인간의 지성과 이성을 바탕으로 자연과 사회를 객관적으로 관찰함으로써, 보편적 진리를 발견하고 낙관적으로 발전시키려는 것이었다. 이러한 사상에 기초하여 계몽주의는 사람들이 처한 환경 증진을 지향하여 노예제 폐지 등의 활동을 이끌었고, 이는 인도주의가 출현하는 사상적 배경이 되었다고 해도 무방하다.

하지만 보편적 진리에 대한 탐구, 이를 통한 인간관계 속에서의 선행, 공감으로 나아가고자 하는 노력들은 당시의 국제적 환경에 노출되며 새로운 도전에 직면하게 되었다. 봉건적 질서를 무너뜨리고 부르주아의 등장을 촉발하는데 일조를 하던 유럽 민족주의가 프랑스혁명(1789~1794)을 기점으로 뒤틀어지기 시작했기 때문이다. 특히 나폴레옹의 침략전쟁은 이러한 반동화를 촉발시켰고 유럽은 난투극에 휩싸였다. 그 와중에 전쟁은 피할 수 없는 것이지만 전쟁으로 인해 발생하는 무고한 희생들은 최소화해야 한다는 호소가 나타났다. 이러한 호소는 손에 피를 묻히고 있는 사람이나 몸에서 피가 나는 사람 모두에게 환영받았고 이러한 일련의 노력과 행동들을 인도주의라 칭하였다.

인도주의를 말할 때 가장 먼저 떠올리는 것은 국제적십자사인

데, 이 기관은 이러한 전쟁터의 희생을 최소화하려는 시도로부터 출발하였다. 적십자 깃발은 주로 전쟁터에서 볼 수 있었다. 초기의 적십자사에게 가장 시급한 일은 전쟁터에서 다친 병사들에게 차별 없는 구호활동을 제공하는 것이었기 때문이다. 이와 같이, 인도주의는 전쟁이나 재난상황에서 사람의 목숨을 구하고 생명을 연장하는 중요한 역할을 하게 되었다.

하지만 인도주의는 전쟁터에만 있었던 것은 아니다. 여성의 참정권 문제, 시설 내 가혹행위 문제와 같이 인권을 침해하는 행동을 중지하고 삶의 공간이 행복의 공간으로 공평하게 제공될 수 있도록 하려는 일련의 노력들은 모두 인도주의 정신으로부터 나왔다. 인도주의는 인권의 확장, 즉 핍박받고 있는 피지배계층에게 최소한의 권리를 제공하려는 시도로, 휴머니즘에 기반을 두고 출발하였다.

19세기 인도주의의 양상: 제네바 협약 그리고 국제적십자사

인도주의는 시대별로 다양한 모습을 보여줬는데, 19세기에는 전쟁으로 인한 피해를 입은 군사들을 보살피는 노력들이 인도주의의 그릇에 담겨졌다. 인도주의를 전쟁 및 재난으로 인한 긴급한 피해에 대한 대응을 중심으로 바라보는 시각이 생기게 된 것도 이러한 이유 때문인데, 그 중심에는 국세적십자사가 있다.

국제적십자사는 19세기 유럽의 역사와 그 궤를 같이한다. 19세기 유럽은 피의 세기였다. 구 열강의 제국주의의 확대에 따라 세계 각지의 전통적인 국가들은 몰락하였고, 민족주의의 반동화가 극에 달했던 시기이다. 전쟁이 일상이라 해도 과언이 아닐 정도로 살생과 침략으로 점철되었다.

전쟁은 당연히 포로와 사상자를 낳는다. 세계대전의 뒤처리 과정에서 어쩔 수 없이 인권문제를 다뤄야 했기에 전쟁을 통해 인권문제가 불거졌던 20세기처럼, 19세기의 문제는 부상자의 문제가 가장 큰 현안이었다. 전쟁의 승자든 패자든 수용하고 있는 포로가 있었고, 부상자가 즐비했다. 이들을 처리하기 위해서는 적과의 협력이 필요했다. 그러나 당장 총부리를 겨누는 적과 포로와 부상자에 대한 적절한 대처를 논의하는 것은 매우 어려운 문제였다. 이 문제는 군사적 문제, 정치적 문제로부터 일정 거리를 두고 다룰 수밖에 없었으며, 이를 위한 전후처리 협력체가 필요했다.

19세기 중반, 이탈리아 역시 통일전쟁 중이었고 거의 막바지에 접어들고 있었다. 1859년에는 솔페리노 전투가 있었다. 프랑스-사르데냐 연합국과 오스트리아군 간의 전투로 4만 명가량의 사상자가 발생한 이 솔페리노에 서른이 갓 넘은 스위스 출신의 한 청년이 방문하게 된다. 그는 자신이 운영하는 프랑스령 알제리에서의 사업과 관련하여 프랑스 황제인 나폴레옹 3세를 알현하고자 찾아온 것이다. 그가 바로 1852년에 YMCA 제네바 지부를 설립했던 앙리 뒤낭이다. 그는 솔페리노의 참상을 본 뒤 곧바로 마을의 민간인과 포로 중 의사를 중심으로 적과 아군을 구분하지 않는 야전병원을 설치하고 부상자를 치료하려 했지만, 전문 인력이 턱없이 부족했다. 그는 3년 후에 『솔페리노의 회상』이라는 책을 발간한다.

"만일 솔페리노 전투 시 국제구호단체가 존재했었고 6월 24일부터 26일까지 카스틸료네에 지원봉사 간호사들이 있었더라면, 또 같은 기간에 브레시아와 만토바, 베로나에도 그러했었더라면 그 얼마나 많은 일을 할 수 있었을까! 수천 명의 부상자들이 견딜 수 없이 고통스러운 상처에 시달린 채, 말로 다할 수 없는 갈증을

인도주의적 시각

> 애타게 호소하며 비명과 구조의 손길을 목이 터져라 외쳐대던 금요일과 토요일 사이의 그 불행한 밤중에 이 파괴의 현장에서 활동적이고 열성적이며 용기 있는 구조대원들이 아무 쓸모없었을 것이라고 누가 감히 그렇게 상상하겠는가!"(앙리 뒤낭)

열성적이고 헌신적이며 부상자를 간호할 수 있는 충분한 자격을 갖춘 자원봉사자들로 구성된 구호단체를 조직할 수는 없을까 고민하던 그는 부상병을 돌보기 위한 중립적인 기구가 필요하다는 결론을 내렸다. 그는 그의 저서 『솔페리노의 회상』을 유럽 각국의 정치 및 군사 지도자들에게 배포했고, 사업도 내팽개치다시피 한 채 직접 여행을 다니며 자신의 제안을 널리 알렸다. 부상자를 돌보는 초국가적인 구호단체를 설립하자는 그의 제안은 좋은 반응을 얻어, 1863년 2월 9일에 제네바 소재 공공복지협회에서 '5인 위원회'가 결성되었다. 법학자 귀스타브 모이니에를 필두로 육군 장성 앙리 뒤푸르, 의사인 루이 아피아와 테오도르 모누아 등의 제네바 명문 인사들이 힘을 합쳤고 앙리 뒤낭도 물론 그중 하나였다. 일주일 뒤인 2월 17일에 5인 위원회는 '국제 부상자 구조 협회'를 발족시켰으며, 이는 오늘날 국제적십자위원회의 설립일로 간주된다.

그리고 1863년 10월에 열린 제네바 회의에는 14개 국가(오스트리아, 바덴, 바이에른, 프랑스, 하노버, 헤센-카셀, 이탈리아, 네덜란드, 프로이센, 러시아 제국, 작센, 에스파냐, 스웨덴-노르웨이, 영국)에서 온 36명의 대표가 참석했다. 규모가 급속도로 커진 것이다. 그런데 한 가지 짚고 넘어가야 할 것이 있다. 이 제네바 회의는 민간 차원의 회의인가, 정부 차원의 회의인가? 이러한 관점에서 이 회의를 규정하는 자료를 찾기는 어렵지만, 분명한 것은 민간 차원의 회의로 규정할 수 있는 근거는 어디에도 없다는 것이다. 정확하게 규정한다면 민간에서 제안한 것을 각국 정부가 신속하게 수용했다고 보는 것이 옳다. 제네바 회의는 전쟁 중 부상자 문제를 처리해야만 하는 각국 정부들에게 너무나 달콤한 제안이었던 것이다. 이때 논의된 주요 의제는 부상병 구호를 위한 국제단체 설립, 부상병을 위한 중립 및 보호 유지, 전장에서의 구호를 위한 자원봉사자의 활용, 주요 의제를 향후 법적 구속력 있는 국제조약으로 만들기 위한 회의 조직, 그리고 전장에서 의료요원을 보호하기 위한 공통 상징 도입 등이었다.

각 국가에 적십자사를 두게 하였으며 스위스에는 국제적십자위원회를 설립하여, 전시 부상자의 구호를 위하여 군위생부대의 보조기관으로서 활동하게 하였다. 또한 적십자사와 그 소속 간호요원에게 중립적 지위를 부여하고, 국제적으로 보호할 것을 결의했다.

1864년 8월에는 "전장에서 부상자의 상태 개선에 관한" 제1차 제네바 협약을 채택했다. 이 협약은 1864년 스위스 연방정부의 주최로 이루어졌으며 미국과 유럽 17개국의 정부대표가 참여하였다. ① 전시상병자의 보호, ② 응급구호소·육군병원·의무요원·간호요원의 중립, ③ 적십자 표장의 채택 등을 규정한, 일명 적십자 조약인 '제네바 협약'이 채택되었다.

이후 이 협약은 해양에서 부상자 및 난파자의 상태 개선에 관한 협약, 전쟁 포로의 대우에 관한 협약, 전시의 민간인 보호에 관한 협약 등이 추가되면서 더욱 발전했다.

특히 1949년 제네바협약은 여러 법규를 대신하고 보완한 것인데, 특징적인 것은 근대전의 여러 조건에 적응하도록 새로이 작성되었다는 것이다. 이후 1977년 제네바외교관회의에서 제네바협약

인도주의적 시각

을 보완하기 위한 2개의 '제네바협약 추가의정서'가 채택되었는데, 그 내용으로는 게릴라 대원에게 전투원의 자격을 부여한 것과 민방위에 관한 새로운 규정을 마련한 것을 들 수 있다.

이보다 앞선 1919년 2월과 4월에는 미국의 주창으로 미국·영국·프랑스·이탈리아·일본의 적십자사 대표가 남프랑스의 칸에 모여, 적십자 사업을 평시에도 추진할 필요를 인정했다. 그리고 위생교육의 보급, 전염병의 예방, 교육정보 선전활동 등을 중심적으로 검토한 후, 5월에 파리에서 개최된 5대국 적십자사회의에서 '적십자사연맹'을 별도로 설립하였다.

이로 인해 연맹과 국제적십자위원회와의 분규가 일어났으나 1921년 양자 간에 타협이 이루어져, 1927년 5월에는 양자를 포함하는 '국제적십자규약'이 채택되어, 현재의 조직이 이루어졌다.

인도주의의 현재

앞으로의 인도주의는 어떠한 모습이었으면 좋을까. 그리고 이러한 인도주의적 개입을 통해 좀 더 행복하고 인간다운 세상을 만드는 데 어떻게 연대를 할까. 기부의 의도에 맞게 그 기부가 원했던 결과를 얻어내고, 기부에 대한 책임을 지기 위해서는 어떠한 가치에 기대야 할까. 이러한 고민의 지점에서 인도주의적 접근의 시각을 좀 더 정확하게 이해할 필요가 있을 것 같다. 이를 위해서 국제개발협력 내에서의 인도주의와 인권에 대한 주요한 논의내용을 참고삼아 살펴보는 것이 도움이 될 것이다. 국제개발협력은 앞서 살펴본 대로 2차 대전이 끝난 이후 유럽을 대상으로 한 전후 경제부흥과 냉전이라는 정치적 환경에서 외교, 군사적인 목적으로 활용되는 국제 정치경제적 접근 방법이자 국가주의의 프레임을 견고하게 하는 도구로도 활용되었다. 이러한 국제개발협력의 접근 방법을 극복하고 인권을 기반한 방식으로 전환해야 한다는 의식이 싹텄다. 이는 냉전이 종식되기 몇 해 전인 1986년 유엔개발권선언(Declaration on the Right to Development)을 통해 공식화되었다. 그러나 냉전이라는 환경에서는 이 선언은 선언적 수준에 머무를 수밖에 없었다. 하지만 이후 냉전이 종식되면서 이러한 개발권, 즉 경제성장이 목표가 아니라 완전한 인권실현을 위한 개발의 의무에 대한 논의가 활발해졌다. 그동안 자선행위로 간주되어 왔던 개발원조를 의무로 규정하고 크게 네 가지의 원칙을 제시하였다.

먼저 기존의 관행과 구별되는 가장 큰 특징인 참여(participation)의 원칙이다. 인간의 존엄성을 지키기 위해서는 스스로 선택하고 참여할 수 있는 자유를 보장받아야 한다는 것이다. 참여는 사회적 가치를 달성하기 위한 수단뿐만 아니라 그 자체로서 인권적 가치를 실현하는 기본권적인 성격을 갖는 것으로 본다. 즉 존엄성, 평등, 자유와 유사한 지위를 갖는다. 참여는 개발의 목적을 달성하기 위한 수단이면서 동시에 지역사회의 구성원, 특히 취약계층의 이익과 상충하는 정책이나 제도에 저항할 수 있는 안전장치라고 할 수 있다. 물론 이를 위해서는 결사권, 단체행동권, 표현의 자유 등 기본적인 권리를 보장해야 한다.

둘째는 책무성(accountability)의 원칙이다. 책무란 개발과정에서의 의무를 구체화하고 개발은 자선행위가 아니라 참여자의 의무라는 것을 말하는 것이다. 한마디로 말하면 개발에 참여한 국내외 모든 기관과 기구들은 개발로 인해 수혜 그룹 및 사람들에게 미친 결과에 대해서 책임감을 가져야 한다는 것을 의미한다. 이러한 책무는 정부뿐만 아니라 기업, NGO도 예외가 될 수는 없다.

셋째는 자력화(empowerment)의 원칙이다. 사회적 약자의 사회적 배제(차별)라든가 분배의 불공정으로 인해 취약해진 권한이나 권력을 회복하여 균형을 맞출 수 있게 하는 것을 말한다. 이는 개인이나 집단이 참여할 수 있는 힘을 주는 것이고, 이 힘이란 개인 혹은 집단이 그들의 삶을 안전하게 지키고 그들의 발전을 스스로 통제하는 수단이다. 이러한 권력의 분산을 통해 아래로부터의 개발이 가능하게 되고, 개인 및 집단의 정치적, 경제적, 사회적 권한이 보장된다.

마지막으로 반차별(non discrimination)의 원칙이다. 빈곤은 단순히 자원의 부족뿐만 아니라, 차별로 인한 자원과 기회, 권력, 정보 등에 대한 접근성의 부족에서 발생하는 것이며, 이러한 부적절한 사회적 서비스를 받고 있는 사람들인 소외집단이, 차별로부터 벗어나도록 해야 한다는 것이다. 즉 종족, 인종, 종교, 젠더와 같은 사회문화적 요인이나, 경제적 빈곤, 국가 정책과 제도 등의 요인으로 차별을 받아서는 안 된다. 차별의 문제인 빈곤은 곧 인권의 침해이므로 반차별의 원칙을 통해, 소외된 집단을 목표로 함으로써 개발의 효과를 높일 것을 요구한다.

이러한 국제개발협력 분야에서의 참여, 책무성, 자력화, 반차별의 원칙이 말하는 주요 인권적 논의는 NGO와 이에 참여하는 개인들에게도 그대로 적용할 수 있다. 특히 책무성의 원칙은 개인 기부자들이 특별히 참고해야 한다. 개인 기부자는 기부의 결과를 관찰하기 쉽지 않기 때문에, 기부 결과의 책임을 거론하는 것이 불편할 수 있다. 하지만 좋은 기부 결과를 얻기 위해서 적절한 관점을 통해 기부 대리 기관의 활동을 평가하고, 기부 결정에 있어서 인도주의적, 인권적 측면에서 바라볼 필요가 있다. 특히 기부에 있어서 시혜적, 자선적 시각이 미치는 영향에 대해서 좀 더 신중하게 판단해야 하고, 타자에 대한 배려와 동행의 시각이 각별히 필요하다.

인도주의 원칙

인도주의적 활동(humanitarian action)은 모든 사람들은 인류의 구성원으로서 그 자체로 존엄하며 고귀하다는 보편성(universality)의 신념을 바탕으로 한다. 이러한 신념을 바탕으로 인도주의를 실천하는데 있어서 반드시 지켜져야 하는 몇 가지 원칙이 있다.[25]

먼저 선택의 정확성(selectivity)이다. 이 선택의 정확성이란 예컨대 치우친 언론 보도로 인한 과열된 동정심에 의존하는 수혜자 또는 수혜국을 선택하는 것을 피하는 것을 말한다. 특히 전 지구적으로 인도주의의 원동력이 아직은 취약하기 때문에, 인도주의적 접근이 고통에 처한 사람들에 대한 동정심으로 쏠리는 경향이 있다. 그래서 그러한 동정심을 자극하는 언론 보도와 정부 정책에 휩쓸려 수혜자 선택이 이루어지고 있다. 그러나 치우쳐진 감정인 동정심을 자극하는 외부적 요소에 따른 감정적 접근은 그 선택의 정확성과 관련하여 문제가 제기될 수 있다. 감정에 의한 선택이 아닌 도움이 필요한 사람들의 요구와 그들의 상황에 대한 정확한 분석을 바탕으로 한 선택과 판단에 기초해 인도적 지원이 행해져야 한다.

둘째는 공정성(impartiality)이다. 제네바 협약 때의 공정성 원칙에 각 국가들이 합의했음에도 불구하고 분쟁 상황에서의 활동은 인도적 지원에 있어 아주 예민한 사항이다. 공정성의 원칙에 따르면 인도주의 원조를 행하는 NGO는 정부나 특정 이익을 추구하는 어떠한 단체에도 의존하지 않고, 오로지 토착민들이 원하는 그 요구가 무엇인지에 대해 주의를 기울여야 한다. 공정성(impartiality)은 오로지 수혜자에게 필요로 하는 그 요구(needs)에 근거를 두고 지원을 제공하며, 수혜자를 결정하는 것도 단체의 성격이나 수혜자의 요구가 서로 맞을 때 이루어져야 하는 원칙을 뜻한다. 방대한 언론보도나 사람들의 경향에 쏠린 수혜자 선택이나 지원 측의 이익에 따른 수혜자에게로의 지원은 공정성(impartiality)의 원칙에 위반된다. 또한 종교적 목적으로 행해지는 자선이나 박애적 행동은 엄격한 의미에서 공정성에 위배된다.

그러나 공정성과 관련하여 NGO는 나쁜 일을 일삼는 특정 정부에 대한 비판을 해서는 안 되는 것인지, 그러한 상황에서 NGO의 공정성 보장이 가능한지에 대해 문제가 제기될 수 있다.

셋째는 책무성(accountability)이다. 책무성 원칙은 특히 장기적 관점에서 아주 중요하다. 인도주의적 지원의 세 가지 주체인 모금활동(funding), 단체, 활동가 중 책무성과 관련해서는 단체의 역할이 가장 크고 중요하다. 인도주의적 지원을 요구하는 곳은 줄어들지 않고 있는 상황에서 NGO는 어떻게 지원의 규모를 확대해 나갈 것인지 그리고 정부와 국제기구 사이에서 NGO만이 할 수 있는 역할을 무엇인지에 대한 부수적인 고민이 따를 수 있다.

특히 NGO는 책무성(accountability) 있는 인도주의적 지원을 위해 수혜자 집단의 자치성을 지지해 주어야 한다. 그리고 이러한 자치성을 존중하기 위해서는 고통 받는 개인을 타깃으로 하는 일시적 긴급구호적인 지원이 아닌 수혜 집단을 타깃으로 그 집단과의 협력을

긴급구호는 일시적인 생명연장과 고통경감을 위해서 신속히 실시해야 하지만 해당 지역사회가 복구와 재건까지 원활하게 이루어질 수 있도록 적절한 고려가 필요하다. (사진: 메디피스 네팔 대지진 사업현장, 2016. 촬영: 메디피스)

통한 장기적인 지원을 계획해야 한다. 책임감 있는 인도주의적 지원이 되기 위해서는 수혜자 개인뿐만 아니라 그 개인이 속한 지역사회(community)에 대한 존중이 함께 이루어져야 하기 때문이다. 다시 말해 지역주민과 토속 문화를 배제해서는 안 되고, 그들에게 필요한 것이 무엇인지 제대로 알고, 개입이 아닌 그들의 요구를 존중하는 수혜자와 지원자의 평등한 관계를 바탕으로 '협력적'(corporate) 인도주의에 입각한 지원이 행해져야 한다. 자치성에 대한 존중이 없으면 제국주의적 성격을 쉽게 지닐 수 있다. 인도주의적 지원은 수혜국가를 조정하여 이득을 취하고자 하는 제국주의적 의도를 지녀서는 안 된다.

넷째는 중립성(neutrality)이다. 인도주의적 활동(humanitarian action)은 어떠한 적대적, 공격적 행위에도 관여해서는 안 되며, 어떠한 갈등상황에서도 어느 한 쪽에 편파적인 행위를 해서는 안

인도주의적 시각

된다.

다섯째는 독립성(independence)이다. 인도주의적 활동(humanitarian action)은 피해자들, 고통 받은 자의 삶을 돕기 위한 지원에 책임을 다하며 정치적, 종교적이지 않고, 인도주의 원칙을 제외한, 또는 각 단체 내 원칙을 제외한 어떠한 다른 (정치적 또는 종교적) 의제도 따르지 않는다.

여섯째는 복제가능성(duplication)이다. 재난 상황이 아닌 경우에 해당되며, 지역사회에서의 인도주의적 지원은 그 사회에서 충분히 취할 수 있는 방법을 통해 이루어지고, 지원이 종료되었을 때 지역사회 스스로 유지 발전시킬 수 있어야 한다. 절대로 따라 할 수 없는 차력쇼는 인도주의적 접근과는 거리가 멀다. 복제가능성이 없는 지원은 오히려 해당 사회에 혼란을 줄 수 있으며, 열등 시민의식을 줄 수 있다. 훌륭한 의료기관을 설립해 주었으나 사정에 의해 지원 기관이 철수한 후에 더 이상 의료기관으로서의 기능을 하지 못하게 되는 경우가 이러한 경우에 해당된다. 인도주의의 최종 목적은 수혜자의 지속적인 행복이다. 지속될 수 없는 지원은 가장 비효율적 지원이 될 수 있다.

CHS Alliance가 제시한 인도적 지원의 핵심 기준
(Core Humanitarian STANDARD)

- 위기의 영향을 받은 지역사회와 개인들은 그들의 요구에 상응하는 적절한 지원을 받는다.
- 위기의 영향을 받은 지역사회와 개인들은 적시에 그들에게 필요한 인도주의

적 지원에 접근할 수 있다.
- 위기의 영향을 받은 지역사회와 개인들은 인도주의적 지원의 결과로 부정적인 영향을 받지 않으며, 보다 준비가 갖추어지고, 회복력이 있어져서 위기에 덜 위험해진다.
- 위기의 영향을 받은 지역사회와 개인들은 그들의 권리와 자격을 인지하여, 그들에게 영향을 미치는 의사 결정에 관한 정보를 얻을 수 있으며, 직접 의사 결정에 참여할 수 있다.
- 위기의 영향을 받은 지역사회와 개인들은 그들의 항의를 처리하는 안전하고 즉각 대응적인 경로에 접근할 수 있다.
- 위기의 영향을 받은 지역사회와 개인들은 협력적이고 상호보완적인 지원을 받는다.
- 위기의 영향을 받은 지역사회와 개인들은 인도주의적 지원 기관들이 경험과 성찰을 통한 학습의 결과로 지원을 개선시킬 것을 기대할 수 있다.
- 위기의 영향을 받은 지역사회와 개인들은 역량 있고 잘 관리되는 직원과 자원봉사자들로부터 그들이 필요한 도움을 받는다.
- 위기의 영향을 받은 지역사회와 개인들은 그들을 돕는 인도주의적 지원기관들이 지원을 효과적, 효율적 그리고 윤리적으로 관리할 것을 기대할 수 있다.

10
인도주의적 기부를 위하여

타자에 대한 시선: 문명화의 사명을 거두기

기부의 결과에 중요하게 영향을 미치는 것은 무엇일까? 기부자는 대리 기관을 선택함에 있어서 반드시 수혜자를 바라보는 대리 기관의 시선을 고려해야 한다. 어떠한 관점에서 수혜자를 바라보고 어떠한 방법을 통해서 지원하는지 확인해야 한다. 이는 타자를 바라보는 시선이 어떤 것인지를 말하는 것이다.

이에 대한 이해를 돕기 위해 조현범의 『문명과 야만 : 타자의 시선으로 본 19세기 조선』이라는 책을 소개하고 싶다. 이 책은 근대 개항기를 전후해 우리 자신을 타자의 위치에 고정시켰던 일련의 시선들의 움직임을 포착하려고 시도한다. 국외에서 활동하는 직업을 가진 필자에게 인도주의적 시각을 갖게 해주었고, 수혜자와 필자가 공감하고 동감해야 하는 이유를 알게 해주었으며, 나도 모르게 남아있는 우월감을 걷어내는 데 많은 도움을 주었다. 이런 이유로 필자가 인도주의적 작업을 선택하는 후배들에게 종종 권하는 책이기도 하다.

이 책이 출간되었던 시기는 2002년이다. 중국과 수교한 지 약

10년이 지난 시점이고, 뉴커머(new comer)들이 우리 사회에 본격적으로 밀려들어오던 시기이다. 중국에서는 조선족이 모국의 경제력의 혜택을 받고자 들어오고, 필리핀, 인도네시아, 방글라데시에서는 산업연수생이라는 명목 아래 낮은 인건비를 받고 우리의 노동시장에 들어오기 시작했던 때이다. 그뿐만 아니라 적대적 관계로 인식되던 북한은 이제 인도적 지원의 대상으로 바뀌었다. 이른바 '다문화'라는 용어가 본격적으로 사용되기 시작하던 사회문화적 급변의 시기였던 셈이다.

1990년대와 2000년대는 우리 사회가 경험하지 못했던 타자의 영역이 우리 생활 속에서 급속도로 확대되었다. 우리 사회 안으로 들어오는 타자들도 있었지만, 밖으로 나가서 만나게 되는 타자의 범위와 규모가 엄청나게 확장된 것이다. 그 타자 중에는 우리가 도와야 하고 손을 잡아줘야 하는 타자들도 많아졌다.

이 책은 19세기 조선에서 활동한 천주교 선교사들 가운데 가장 오랫동안 체류한 다블뤼 주교가 작성한 두 가지 기록을 중심으로 우리를 바라보는 시선의 변화를 분석한다. 첫 번째 것은 입국한 지 10개월이 된 1846년에 작성한 서한이고, 나머지 하나는 1860년경에 작성된 것으로 추정되는 〈조선사 입문을 위한 노트〉이다. 이 두 개의 기록은 약 15년 정도의 거리를 두고 있다.

다블뤼 주교의 조선에 대한 시선을 조선의 정치제도, 조선인의 성격과 사고방식, 조선의 관습과 사회생활, 조선의 종교생활의 측면에서 분석하였다. 조선의 정치제도는 우선 부패한 관료들의 문제와 조선의 쇄국과 사대정책에 대한 생각을 정리한 것이다. 조선에서 가장 못된 착취 계급은 양반이며, 이러한 양반들에 의해서 휘둘리는 왕조에 대한 비판, 조선의 독특한 행동방식, 대외 정책

상대방의 사회와 문화에 대한 존중은 인도주의적 실천에 있어서 매우 기본적인 토대가 되어야 한다. 작은 실천에 있어서도 현지 문화에 대한 세심한 배려가 필요하다. 사진은 문화적인 이질감을 배제하기 위해서 현지인 작가에 의해서 만들어진 보건교육 자료의 일부이다. (사진: 필리핀 일로일로 모자보건 사업, 2016, 제작: 메디피스)

에 있어서 쇄국정책을 지지하는 입장이 변함없이 서술되어 있다.

조선인의 성격과 사고방식에 있어서도 두 시기에 작성된 기록에 있어서의 시선의 차이는 거의 없다. 조선은 문명화되지 못한 나라이고, 그 결과 조선 사람들 역시 야만인 특유의 까다로운 성격을 지니고 있다는 판단은 변함이 없다. 조선인은 수다스럽고 어조가 매우 높고, 자제하지 못하고 폭식하는 습관을 갖고 있다고 바라보는 시각 역시 변함이 없다.

조선의 관습과 사회생활에 있어서는 다블뤼 주교의 인식이 극단적인 변화를 보이고 있다. 다블뤼 주교는 첫 서한에서 조선의 관습과 사회생활이 성적으로 퇴폐와 타락이 만연해 있고, 여성의 처지가 매우 열악하며, 사회생활 전반에 걸쳐 교육이라 할 만한 것이 전혀 존재하지 않는다고 생각했다. 그러나 15년 후, 〈조선사 입문을 위한 노트〉에서는 조선인들의 공동체 정신과 상호부조의 생활을 극찬하고, 조선인들이 당연한 것으로 여기는 상호부조의 생활과 자선 행위가 유럽에서도 찾아보기 힘들 만큼 고결한 것으로 생각했다.

이는 입국 초기에는 조선인들의 가족생활이나 성생활, 자녀 교육 등에 대해서 비판적인 태도를 가지고 있었지만, 점차 조선에서의 생활에 적응해가면서 조선인들의 관습과 생활방식을 이해하게 되고 또 그 가치를 재인식하게 되었던 것으로 보인다. 즉, 타자에 대한 시선이 바뀐 것이다.

다블뤼 주교의 변화된 것과 변화되지 않은 것은 시사하는 바가 크다. 19세기 중엽을 지나면서 서양인들은 자기 문명이 비서양의 나라들에 비해 앞서 있다는 우월 의식에 인종적 우월감을 가미하여 '문명화의 사명'(mission civilisatrice)이라는 새로운 도덕률을 만들어냈다. 특히 우월한 인종이 열등한 인종을 지배하는 것을 자연의 법칙으로 강조하는 사회진화론이 널리 유행하면서, 서양의 문명화된 나라들이 비서양의 뒤떨어진 나라들을 지배하는 것은 자연의 법칙에 따른 자연스러운 일일 뿐만 아니라 도덕적으로도 당연한 일로 간주되었다.

이 문명화의 사명은 19세기 후반에 이르러 도덕적 의무감의 수준을 넘어 성서적인 의미로까지 윤색되기 시작했다. 그래서 식민지 지배는 신이 내린 사명이 되고, 서양인들이 건설하고 있는 제국은 사회적, 정신적 개혁을 가능하게 하는 거대한 교구로 상징화되었다. 사실상 서양 제국의 식민주의와 제국주의를 비판하는 자유주의자들과 마르크스주의자들도 이 문명화의 사명이라는 연결

고리에 대해서는 제대로 비판할 수 없었다.

이러한 '문명화의 사명'을 가지고 조선에 입국한 다블뤼 주교의 시각에서는, 조선은 야만적이고 미개한 대상이어야 했고, 그래야 이러한 야만인을 교화시켜야 하는 도덕적 확신을 지켜나갈 수 있었을 것이다. 조선인들의 관습과 생활방식에 대한 시각이 변화된 것은 공감과 동감의 범위가 다소 넓어졌기 때문일 것이다. 오랫동안 조선에서 거주하면서 조선 사람들의 삶을 이해하고 장점이 눈에 들어오기 시작했고, 삶의 방식에 대해서 더 깊이 이해하게 된 것이다.

'문명화의 사명'이라는 시각을 통해서 접근할 경우 쌍방향의 소통은 크게 기대할 수가 없다. 자신이 개입해서 상대방을 자신의 모습으로 변화시키려는 것은 상호이해와 연대를 통해 현재의 상황을 개선시킬 수 있는 자세가 아니기 때문이다. 더군다나 타자가 소속되고 생활하고 연대하고 있는 사회는 그 나름의 발전 방향과 문화가 있는 것인데, 이러한 문화에 야만의 낙인을 찍고 그 문화나 사회로부터 벗어나게 해야 한다는 생각은 때로는 매우 폭력적인 모습으로 나타난다.

보건의료 학계에서는 조혼, 여성 할례 등을 일컬어 유해 전통 관습(harmful traditional practices)이라고 칭한다. 이것으로 인해서 여성과 아동의 신체 건강과 정신 건강에 미치는 해로운 영향을 강조하고 개선시키려고 많은 노력을 기울인다. 성생식보건 사업에 있어서 이러한 전통 관습을 줄이는 것이 매우 중요한 과제인데, 그에 대한 접근 방식은 매우 보건학적인 경우가 대부분이다. 심지어는 할례로 인해 피해 받은 여성의 신체의 일부를 대중에게 노출해서 그 위험성을 강조하는 경우도 있다. 이러한 접근 방법은 일부 유해 전통 관습을 축소하는 데 기여를 했을지는 몰라도 그 사회에 얼마나 긍정적인 작용을 했는지는 한번 생각해볼 일이다.

흔히 말하는 연민이나 측은지심은 여러 가지 이유로 인해 생길 수 있다. 그 이유 중의 하나가 '문명화의 사명'일 수도 있을 것이다. 하지만 우리가 가지는 연민이나 측은지심은 언제나 좋은 결과로 결말짓지는 않는다. 기부를 그러한 동기에서 하게 되었다 하더라도, 그 사회에 부정적인 영향을 미치는 행동으로 나타나서는 안 된다.

공감: 나도 같을 수 있음을 확인하기

'문명화의 사명'이 인간의 사회를 계층화 하고 파트너십을 파괴하는 좋지 않은 결과를 이끌어 낸다면 그 반대편의 입장에서 바라보는 시선에 대해서 생각해 보자.

'공감'이라는 공익 인권재단이 있다. 국내 최초로 공익 활동을 본업으로 하는 공익변호사 단체이다. 주로 다양한 소외계층을 위한 변호 활동과 법제정 활동을 하고 있는 단체인데, 이 단체의 이름이 공감이라는 것이 의미심장하다.

이 재단의 홈페이지에서 공감을 정의하기를, "입장의 동일함에 이르는 마음의 길"이라고 한다. 신영복 선생님의 "입장의 동일함 그것은 관계의 최고형태"라는 표현을 빌려 소개하고 있는 것을 보면, 아마도 그 분의 말씀을 따서 공감이라는 명칭을 정하지 않았나 싶다.

또 이 재단은 인권을 목소리라고 정의한다. 그리고 그 목소리는

"구체적 삶의 현장에서 최소한의 존엄을 지키려는 사람들의 권리 주장"이라고 표현한다. 필자는 이 정의를 보고 매우 실천적이라는 느낌을 받았다. 이 실천이라는 것은 소통의 실천을 말하는 것이고, 그들에게 필요한 말이 무엇이고 그들이 말하는 것을 이해했음을 의미한다. 특히 '구체적 삶의 현장'이라는 목소리의 배경에 주목하고 싶다. 그것은 분산되었지만 함께하고 있고, 함께하고 있어서 개인이 존재할 수 있는 관계에 집중하고 있기 때문이다. 개인은 그 관계의 일부로서 작용하고 그 관계는 개인에게 삶의 공간을 내어주는 것이다. 개인의 입장은 구체적 삶의 현장에서 벗어나서 있을 수 없다. 그것이 인간이고 관계이다. 나누고 연대하는 것은 입장의 동일함으로 향하는 방법이다. 결국 입장의 동일함은 나눔과 연대의 한 과정일 뿐만 아니라 그 목표이기도 하다.

나와 다른 입장에 있는 사람에게 다가갈 수 있는 방법은 서로 다른 입장임을 고착화시키는 것이 아니라 다르지 않음을 확인하는 것이다. 이 과정에서 중요한 점은 타자를 그가 살아가는 구체적 삶의 현장에서 바라봐야 한다는 것이다. 이러한 의미에서 구체적 삶의 현장의 가장 뚜렷한 실체 중의 하나가 바로 지역사회이다.

내가 처한 환경보다 열악한 환경 속에 있는 불쌍한 사람들을 보면서 동정심이 생겨나고, 그러한 동정심을 자비로운 활동으로 이어지게끔 하는 것은 다른 '입장'을 고착화시키는 데 일조할 뿐이다. '동정심에 호소'하는 경향이 강한 자선 활동은 끊임없이 동정심을 재생산해야만 유지될 수 있다. 이 재생산 활동은 지속적으로 피로감을 누적시키게 되고 결국 소통할 수 없는 관계 밖에서만 서성이게 만든다.

구체적 삶의 현장을 이해하게 되면 동정심은 공감으로 변화한

공감과 동감. 인도주의적 활동가는 자신의 역할을 대상이 되는 커뮤니티 안에서 찾아야 한다. 높은 기부 효과를 위해서는 항상 어떠한 방식이 올바른지, 지나온 활동에 문제는 없었는지를 확인하는 것을 게을리 해서는 안 된다. 자신들의 활동을 지역사회로부터 평가받고 조언을 경청해야 한다. (사진: 메디피스가 주최한 "탄자니아 모자보건 관련 지역 이해관계자 간 협력 및 파트너십 증진을 위한 포럼", 2016. 촬영: 메디피스)

다. 공감은 그가 처해 있는 환경과 그 환경과 소통하고 있는 개인의 모습을 바라볼 때 생기게 된다. 그리고 그 안에서 낼 수 있는 목소리가 어떤 것이어야 할 것인가를 고민하게 하고, 사람으로 살아갈 권리를 공유하게 한다. 그래서 결국 그 권리를 얻고자 실천하게 해준다.

동정과 공감은 실천 공간에서 항상 함께하고 있는 것처럼 보이지만, 동정을 깨고 공감으로 가는 과정에서 활동가들은 항상 고민하고 스스로를 깨쳐나가려 한다. 빈곤 퇴치는 자선의 몸짓이 아니라 의로운 행동이라는 만델라의 지적은 동정이 가지고 있는 한계를 말하는 것이다. 동정받고 싶은 것이 아니라 함께하고 싶은 것이다. 내가 살고 있는 공간에서 인격적으로 살아갈 수 있는 권리를 가지고 싶고 연대하고 싶은 것이다. 그리고 이러한 내가 살고 있는 공간에서 인격적으로 살아갈 권리를 위해 연대하고 실천하는 것은 인도주의의 핵심이라고 할 수 있다.

자력화: 나쁜 의료봉사

인도주의적 시각에서 볼 때, 일회적 의료봉사가 가진 한계점은 무척 많다. 따라서 좋은 의도에서 시작한 의료봉사가 나쁜 의료봉사로 끝나는 경우가 부지기수이다. 이는 마치 정성스럽게 대접한 음식을 먹은 손님이 알레르기로 고통 받는 경우와 같다. 하지만 보건의료 현장에서 수혜자가 겪는 고통은 알레르기보다 훨씬 심각할 수 있다. 필자의 경험과 보건의료 영역에서 자주 인용되는 사례를 통해 인도주의에 기초하지 않은 의료봉사가 초래할 수 있는 위험성에 대해 살펴보도록 하자.

메디피스는 보건의료를 통해 인도주의를 실천하는 NGO이다. 많은 사람들은 메디피스를 의료봉사 하는 단체라고 생각한다. 심지어 필자의 경우도 메디피스를 소개할 때 의료봉사하는 단체라고 간단하게 정의할 때도 있다. 귀찮아서가 아니고 달리 소개하면 오히려 오해가 생길 것 같을 때 차라리 그렇게 소개하는 것이 나을 것 같아서이다.

하지만 보건의료와 의료는 상당히 많은 차이를 가지고 있다. 영어로 표현하면 보건의료는 health care이고 의료는 medical service이다. 물론 활용되는 상황에 따라 다르게 표현되기도 하지만,

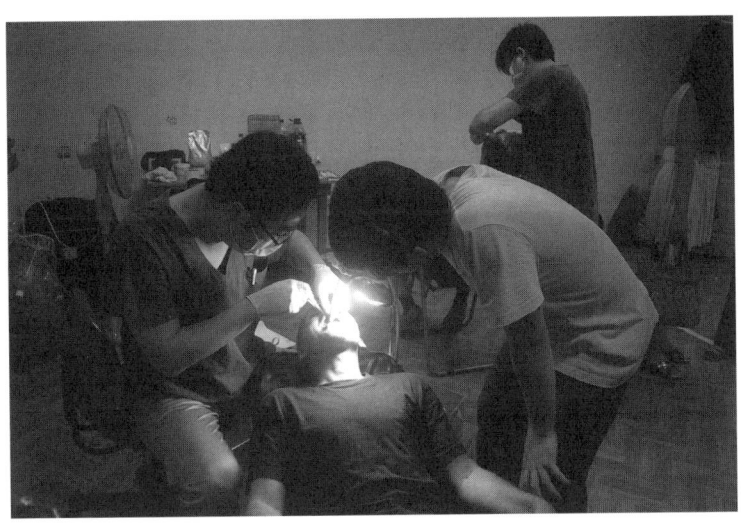

일시적인 의료봉사 활동은 백내장 수술, 틀니 제작 등 특정 목적이 아닌 경우에는 인도주의적 원칙에 어긋나는 경우가 많다. 대상 환자의 사후 관리가 매우 중요하고 이에 대한 조치가 먼저 이루어져야 한다. (사진: 메디피스 러시아 연해주 사업 현장, 2009. 촬영: 메디피스)

두 개념은 확연히 다르다. 먼저, 주체가 다르다. medical service는 주로 고도로 훈련받은 의료인들이 다루어야 할 분야이다. 하지만 health care는 지역사회의 많은 이해관계자들이 함께 만들어간다. 보건정책가로부터 마을 자원봉사자까지 다양한 사람들이 건강을 지키기 위한 노력을 기울이는 분야이다. 개인보다는 지역사회의 건강 시스템을 구축하기 위한 방법을 찾는 것이다.

깨끗한 물이 부족해서 질병이 발생하면 우물을 파야 하고, 더러운 화장실로 인해 오염이 발생하면 화장실 시설을 개선해야 한다. 아이들의 건강문제에 가장 많은 영향을 미치는 여성의 교육수준이 문제라고 한다면 여성들의 교육에 관심을 가져야 한다. 산아제한이 필요한 지역에서는 남성을 비롯하여 청소년들에게 성인지 교육과 피임의 필요성을 알리는 캠페인을 전개할 수도 있다. 또는 마을 주민들이 보건소를 이용하지 않는다면 보건소 의료 인력의 출장을 통해 교육을 받게 한다든가 보건소 진입 도로를 정비할 수도 있다. 약이 부족하다면 적절한 수요에 필요한 요소를 채워줄 것이다. 이러한 일련의 활동들이 보건의료 활동이다. 예컨대 메디피스는 세네갈에서 식수와 화장실 지원 사업을, 필리핀에서는 조산사 교육을, 파푸아뉴기니에서는 보건소 건립을, 베트남에서는 보건대학 내 보건인력 교육 사업을 진행한다. 진료소 안에서보다 오히려 밖에서 하는 일들이 많다.

물론 아픈 사람들에게 의료 서비스를 제공하는 것은 필수적이다. 이왕이면 예방을 통해 질병이 발생하지 않도록 하면 좋겠지만, 일단 아픈 사람들은 치료해야 한다. 그래서 의료서비스를 제공하는 것은 보건의료의 매우 필수적인 요소가 된다. 특히 보건의료시스템이 적절하게 받쳐주지 못하여 의료서비스가 필요한 만큼 제공되지 않는 곳에서는 의료서비스가 제공될 수 있도록 해야 한다. 대표적으로 재난으로 인해 보건의료시스템이 붕괴된 지역에는 의사를 비롯한 의료인들을 파견해서 직접 의료서비스를 제공할 필요가 있다. 물론 재난 지역의 보건의료시스템이 훼손되지 않는 범위 내에서 이루어져야 한다.

재난상황이 아니더라도 일시적으로 의료서비스를 직접 제공할 필요가 있는 경우도 있다. 백내장의 경우 어렵지 않은 수술을 통해서 치료할 수 있지만 이러한 수술을 받지 못하는 환경에 놓여있는 사람은 앞을 못 보게 되기도 한다(그래서 백내장 수술을 개안 수술이라고 한다). 앞을 보지 못하게 되거나 심한 시각 장애를 안고 있는 사람들에게 희망은 없다. 불치의 병이 되어버린 것이다.

이러한 지역에 수술을 위한 장비와 인력이 일시적으로 보내진다면, 짧은 기간 안에 적지 않은 사람들에게 시력을 다시 제공하게 되는 것이다. 그래서 이러한 개안수술만 전문적으로 실시하는 '비전케어'라는 NGO도 있다.

틀니의 경우도 좋은 예이다. 특히 빈곤지역의 경우 틀니는 백내장 수술만큼이나 접근하기 어려울 수도 있다. 이러한 환경에 놓인 사람들에게 틀니가 제공된다면 꽤나 오랫동안 필요한 영양분을 섭취할 수 있는 능력을 가지게 되는 것이다. 그 외에도 구순구개열 수술이라든가 특정 질병의 경우에 직접적으로 의료서비스를 제공하는 방식은 적절하고 필요하다. 이러한 직접적인 의료서비스를 제공하는 행위를 흔히 의료봉사라고도 한다.

메디피스는 긴급재난 상황에서는 직접적인 의료서비스를 제공하기도 하지만, 일반적으로는 지역사회 스스로 의료서비스를 지속적으로 제공할 수 있는 환경을 만들거나 질병을 유발하는 요소들을 제거하는 데 집중적인 활동을 펼친다. 이러한 일들은 지역의 행정시스템의 협조를 얻지 않으면 안 되고, 또 해당 지역의 정부의 적극적인 의지가 없으면 불가능하다. 특히 지역사회에 거주하고 있는 주민들이 참여하지 않으면 안 되고, 지역 시스템을 훼손해서도 안 된다. 이 점이 무척이나 중요한데, 이를 어기면 오히려 해가 되는 경우도 흔하기 때문이다.

보건의료 사업에서 자주 인용되는 사례를 소개하겠다. 매우 빈곤한 지역에 훌륭한 기술을 가진 외국 의사가 병원을 설립했다고 가정해보자. 이 의사는 현지의 의사에 비해서 월등히 높은 기술을 가지고 있어서 지역주민은 상상할 수 없었던 의료서비스를 제공받게 되었다. 그 외국 의사가 없었더라면 죽을 수밖에 없었던 사람들이 건강하게 살 수 있게 되었다. 게다가 그들이 제공받은 서비스는 무료였으니, 그 고마움은 이루 말할 수 없다. 마을주민은 외국 의사를 칭송하고 고마워하였다. 자, 문제는 지금부터다. 그 마을엔 본래 오랫동안 현지 의사가 진료소를 운영하고 있었다. 그 진료소는 무료도 아니고 실력도 외국 의사에 비하면 형편없었다. 하지만 마을 주민들은 현지 의사를 통해서 썩 좋은 의료서비스는 아니었지만, 자신들의 건강을 나름대로 지켜왔다. 그러나 외국 의사가 세운 병원이 들어선 이후에는 어느 누구도 이 진료소를 찾을 이유가 없어졌다. 그동안 자신들이 받아온 의료서비스가 얼마나 하찮은 것이었는지 깨달았고, 현지 의사는 무시당할 수밖에 없었다. 결국 그 현지 의사는 마을을 떠났다.

그러나 외국 의사가 운영하는 병원은 얼마 후에 더 이상의 후원을 받지 못해서 문을 닫을 수밖에 없게 되었다. 환자들에게 필요한 약을 공급받을 수 없었고, 병원시설을 유지하기 위해서는 많은 관리비가 필요했지만 그마저도 힘들었다. 이제 그도 떠나게 되었다. 하지만 외국 의사가 떠난 빈자리를 메꿀 현지의 의사는 없었다. 그 마을은 무의촌이 되어버렸다. 주민들은 자신들을 2등 시민으로 여기게 되었다.

이 사례는 다양한 형태로 많은 곳에서 벌어지는 현실이다. 무엇이 문제인가. 우선 가장 큰 문제점은 현지의 보건의료시스템을 훼손했다는 데 있다. 형편없는 환경에서 적절하지 못한 의료서비스를 받고 있는 '불쌍한' 주민들을 위해서 헌신적이고 자비로운 외국 의사는 선의를 베풀었다. 이 '착한' 의사는 최선을 다했으며 주민들에게 인격적인 대우를 해주었다. 그러나 그 결과는 현지 지역 보건시스템의 붕괴였다. 지속할 수 없고 현지 고유의 시스템을 거스르는 행동은 아무리 자비로운 의도였다고 하더라도 의도하지 않은 결과를 낳을 수밖에 없다.

두 번째 문제는 무료로 제공되는 의료서비스이다. 필자가 대학을 다닐 무렵에는 방학을 이용해서 농촌의료봉사를 다니곤 했다. 어떤 지역의 경우에는 현지에서 의원을 운영하는 원장으로부터 항의를 받곤 했다. 의료봉사단이 오게 되면 환자가 뚝 끊긴다는 것이 이유였다. 당연히 자신의 사리사욕에 눈이 멀어서 의료봉사를 방해하는 모습은 좋지 않게 비쳐졌고 그를 비난했다.

보건학에서는 대체로 의료서비스를 무료로 제공하는 것은 지역 주민들에게 좋지 않은 결과를 낳을 수도 있다고 경고한다. 의료서비스가 제도적으로 무상으로 제공되는 지역이라면 문제될 것이 없지만, 진료비와 약값이나 진료에 필요한 소모품의 경우 비용을 지불해야 하는 지역에서는 형평성 차원에서도 지양할 것을 권고한다. 상대적으로 빈곤 계층을 상대로 이루어지는 무료서비스라 하더라도 결코 빈곤 계층에 그 혜택이 적절하게 전달된다는 증거도 없기 때문이다. 무조건 현지의 의료제도를 존중하고 그 시스템에 맞게 진행해야 한다.

세 번째 문제점은 월등히 높은 의료서비스를 제공했다는 점이다. 이게 무슨 말인가? 의료서비스의 질은 높을수록 좋은 것이 아닐까 생각될 것이다. 당연히 의료서비스의 질은 높을수록 좋다. 이를 위해서 수많은 사람들이 신기술을 연구하고 개발해서 환자들에게 더 좋은 의료서비스를 제공하고 있다. 그런데 높은 의료서비스를 제공했다고 문제가 된다는 것은 이해하기 어려울 것이다. 메디피스는 간혹 직접 의료서비스를 제공해야 하는 상황이 있을 때면, 가급적 현지 의사와 함께 진료할 것을 권고하고 있다. 의료

환경이 다르고 생활습관이 다른 곳에서 현지 의사는 매우 좋은 가이드 역할을 해준다. 또한 좋은 학습의 기회가 되기도 한다. 하지만 이 때 반드시 주의할 것은 현지 의사와 동등한 위치에서 진료해야 한다는 것이다. 현지 의료인에게 마치 보조 인력을 대하듯 해서는 안 되며, 환자 앞에서 현지 의료인을 가르치는 행동을 삼가야 한다. 지역주민들로 하여금 열등한 의사라는 인식을 주게 하면 안 되기 때문이다. 외국 의사가 단기간의 일정을 마치고 떠나게 되면 결국 현지 주민들을 돌보는 사람은 현지 의사이다. 그들의 권위에 흠결을 내게 되면 이를 치유하는 데는 많은 시간이 걸릴 수밖에 없다.

이러한 일련의 분석의 중심에는 지역사회가 있다. 개인은 이 지역사회 안에서 보호를 받고 스스로를 지켜내며 살아간다. 이러한 개인을 지역사회로부터 이탈시켜서 바라보는 시도는 결국 그 개인에게도 좋지 않은 결과를 만들어줄 뿐이다.

그래서 메디피스를 의료봉사 NGO라고 표현하는 것이 적절치 않다. 여기에는 또 하나의 절박한 사연이 있다. 메디피스를 설립한 초기의 일이다. 단기 의료봉사를 위해서 사전준비차 현지에 먼저 도착해서 일정을 챙기고 있었다. 의료진은 다음날 도착할 예정이었고 막바지 준비가 한창 진행되고 있었다. 그러던 차에 밤에 한 젊은 여성이 아이를 데리고 필자의 숙소를 찾아왔다. 절박한 표정을 짓는 그녀는 본인의 남편이 많이 아프다고 왕진을 부탁하였다. 그녀를 안내해준 현지 활동가는 한국에서 오는 의사들의 실력이 좋으니 꼭 한국의사에게 진료를 받으려고 기다리고 있었다고 전해왔다. 나는 의료진이 도착하면 가장 먼저 살펴드리도록 하겠다고 약속해주었다. 진료실을 여는 날 아침에 그녀는 한 아이를 업고, 또 다른 한 아이는 손으로 이끌고 찾아왔다. 울고 있었다. 남편이 너무 아파서 지금 병원에 있는데 위독하다고 병원까지 같이 가줄 수 없냐고 애원했다. 우리 의사 한명이 급히 준비를 하고 그녀를 따라 나섰다. 하지만 그는 이미 세상을 떠나 있었다. 적절한 치료의 시기를 놓쳤던 것이다. 나는 지금도 이것은 일종의 살인이라고 생각한다. 우리가 가지 않았다면 그는 살 수 있었을 것이기 때문이다.

물론 이러한 의료봉사는 긍정적인 측면이 없다고 할 수는 없다. 많은 의료인들은 의료봉사활동에 참여해서 타자에 대한 인식방법을 학습하기도 한다. 또한 의료인으로서의 역할을 확장시키는 계기를 만나고 그것을 자신의 삶 속으로 끌어오기도 한다.

철저한 사전조사와 현지 시스템을 존중하며 만들어가는 시도 또한 의료봉사의 의미를 높여주기도 한다. 이를 계기로 더 발전된 방식을 발견하고 현지화 하려고 노력하는 모습도 볼 수 있다. 그러나 그것은 참 어려운 일이다.

동정심의 문제

인도주의적 접근에서 가장 문제가 될 수 있는 것 중의 하나가 동정심이다. 동정심의 동기가 낳는 폐단들이 많기 때문이다. 우선 권력관계가 형성된다. 수혜자에 대해 후원자인 당사자 또는 당사국이 수혜자보다 우월하다는 의식을 가지고 원조를 하게 되면, 그 사이에 권력관계가 형성될 수밖에 없다. 수혜자 또는 수혜국을 컨트롤할 수 있는 특정 목적으로 원조를 하면 국가 간 권력 관계가 생기게 된다. 권력 관계가 전제된 원조는 수혜자 또는 수혜국의 요구 자체에 대한 공급과 수혜자나 수혜국의 자립을 돕는 발전을 위한 원조가 이루어지기 힘들다.

두 번째는 지속성이 부족할 수 있다. 후원자의 우월감과 수혜자에 대한 동정심에서 비롯되는 기부에서 자선 피로(charity fatigue)가 나타나는 것처럼 그러한 감정에 호소하는 기부 방식은 기부와 원조의 지속성을 보장할 수 없다. 뚜렷하고, 일정한 인도주의 목적과 개념이 진정 수혜 당사자나 당사국을 위한 지속적인 원조가 가능하게 하는 원동력이 될 수 있다.

동정심 외에도 정치적 이득 또는 경제적 이득을 위한 개입도 여러 가지 문제를 낳게 된다. 인도주의 실천 또는 원조가 본래 의도대로 이루어지기 위해서는 그 활동을 후원하는 기부자들의 의식 속에 명확하고, 올바른 인도주의가 자리 잡혀 있어야 한다. 이러한 의식이 있어야만 기부자들의 의도에 따른 진정한 인도주의적 실천이 이루어질 수 있다. 따라서 인도주의의 개념과 목적을 뚜렷이 하는 작업은 한국 사회의 '착한' 기부의식이 자리 잡히는 데에 있어서, 인도주의를 표방하는 많은 NGO의 올바른 인도주의적 목적의식을 정립하는 데에 의미 있는 작업이 될 것이다.

나보다 불행하다는 생각

능력뿐만 아니라 행복의 영역에서도 우월감이 상처를 남긴다. 간혹 비위생적인 환경에 노출된 사람들, 조혼의 관습으로 어린 나이에 교육을 중단해야 하는 여자 아이들, 이들 모두는 불행의 굴레

안에서 허덕이고 있는 사람들이다. 어떤 이들은 그들을 열심히 일하려 하지 않고 한낮에 할 일 없이 서성거리거나 삼삼오오 모여서 생산적이지 않은 이야기를 열심히 떠들고 있는 사람들로 인식하곤 한다. 심지어 한국 사람들에 비해 열심히 일하지 않는다고 비난하고, 어리석고 불성실한 사람 정도로 표현하기도 한다. 그리고는 그들을 진심으로 불쌍히 여기고 불행으로부터 건져내주기 위해서 무엇을 할 수 있을지 고민하기도 한다.

두 가지 모습을 비교해보자.

필자는 처음 뉴욕의 거리를 걸으며 깜짝 놀란 적이 있다. 일회용 종이컵이었다. 일단 컵의 크기가 엄청난 것 이외에도 종이컵의 재질 때문이었다. 거의 플라스틱에 가까울 정도로 단단하고 게다가 UV 코팅 처리가 되어 있었다. 이 컵은 단 한 번의 탄산음료를 담아서 마시고는 바로 버리는 일회용이다. 쓰레기봉투에는 이 일회용 컵이 넘쳐난다.

조혼의 관습은 모성건강이나 여성의 인권에 있어서 심각한 문제를 야기한다. 그럼에도 불구하고 개발도상국의 여자아이의 7명 중에 1명은 15세 이전에 결혼을 하고, 아프리카 일부 지역에서는 60% 이상이 18세 이전에 결혼을 하기도 한다. 일반적으로 이러한 조혼이 만연한 이유는 부양에 대한 부담과 지참금을 받기 위한 것으로 알려졌다. 지참금의 대가로 이런 신부는 출산과 임신 과성에서 합병증, 사망에 대한 위험에 노출된다. 물론 결혼과 동시에 학교 교육은 중단해야 하고, 가정 내에서는 의사결정에 영향력을 행사하지 못하는 경우가 많다. 본인뿐만 아니라 낳은 아이 역시 조산으로 인한 사망률이 현저히 높고, 저체중이나 발육저하가 나타날 가능성이 높아진다. 어린 나이에 결혼을 하는 것은 본인의 의지가 아니라 부모의 일방적인 결정에 의해서 이루어진다.

앞서 말한 두 가지 인간의 행동은 안타깝기는 마찬가지이다. 300cal 정도의 달짝지근하고 시원한 액체를 몸에 공급하기 위해서 엄청난 비용과 이해할 수 없는 자원을 남용한다. 그쯤이면 손으로 아니면 적절한 그릇을 활용해서 마시는 데 익숙한 사람들에게는 너무 소중해 보이고 가벼운 멋진 컵을 이용해서 마시는 모습이 대단해 보일 수도 있겠지만, 일회용이라는 것을 알게 되면 아까운 마음에 나머지 일들은 모두 잊어버리고 말 것이다. 하지만 그것이 얼마나 많은 자원을 낭비하는 것이고, 지구에 한정된 자원을 그들이 너무 낭비해서 결국 그 피해가 자신들의 자손들에게 영향을 미치고 또 삶을 이어갈 수 있는 환경을 극도로 악화시킨다는 것을 알게 된다면 '나쁜 짓'이라고 생각할 것이다. 그들의 행동은 자신들의 삶의 공간뿐만 아니라 지구에 살고 있는 다른 사람들을 이유 없이 괴롭히고 있는 것이다. 이러한 공유지의 비극을 초래하는 이기적이고 불공정한 행동의 부정적인 결과는 엄청난 파급력을 낳음으로써 본인들의 삶의 경계를 무단 침해하고 고통의 전가를 강화해 나간다.

그렇다면 가장 유해한 행위 중의 하나이고 인권적으로 심각한 문제를 가지고 있는 행위라고 믿고 있는 조혼은 어떤가? 다양한 관점에서 이러한 행위를 해석할 수 있기 때문에 뭐라 한마디로 말할 수 있는 것은 아니지만, 어쨌든 조혼은 그들이 오래 전부터 자연스럽게 지금까지 그냥 해오고 있는 하나의 전통이다, '그들끼리' 하고 있는 일이며, '그들에게만' 영향을 미치고 있고, 심지어 그들 외에 아무도 괴롭히지도 않았다. 뉴욕에서는 정말 말도 안 되는 엄청난 일이라고 호들갑을 떨면서 UV 코팅으로 예쁘게 인쇄되어

인도주의적 기부를 위하여

있는 플라스틱 같은 종이컵으로 마른 목을 축이고 있을 때, 경제적인 이유로 또는 관습적으로 안타까운 조혼이 지금도 이루어지고 있을 뿐이다. 불행했던 엄마의 길을 이어서 걸어야 하는 여자아이의 인생이 더 이상 반복되지 않기 위해서는 가장 큰 원인인 빈곤을 해소해야 하고, 동시에 인권의 중요성과 건강 상의 문제에 대해서 정확하게 인식할 수 있도록 도와야 할 것이다. 그리고 이러한 문제들은 시간이 지나면서 점차 나아질 것이라고 기대한다.

굳이 필자에게 이 두 가지 모습을 보고 누가 더 미개한지 판단하라고 한다면, 뉴욕의 UV 코팅 컵이라고 말하고 싶다. 조혼은 반드시 사라져야 하는 악습이지만 빈곤이라는 분명한 이유가 있어서 개선의 여지가 있다. 그렇지만 뉴욕의 UV 코팅 컵은 인간의 욕심이 어떻게 타자를 가해하는지를 보여줄 뿐이다. 물론 우리 사회에도 이러한 모습이 적지 않다.

나보다 못한 사람, 나보다 불행한 사람이라는 착각은 그렇다 치고, 갑작스럽게 닥친 너무나 큰 고통 앞에서 사람은 어떨까?

2013년 중국 스촨성(四川省)에 커다란 지진이 발생했다. 정말 엄청난 피해를 안겨준 지진이었다. 지진은 다른 재해와 달리 가옥에 미치는 영향이 엄청나다. 땅바닥이 갈라지고 가옥의 벽에 금이 가고, 심지어는 건물이 무너지기까지 한다. 지진이 가옥에 치명적인 이유는 작은 피해라도 더 이상 그 건물을 사용할 수 없다는 데 있다. 태풍이 불어서 한쪽 벽이 완전히 무너졌더라도 다시 세우면 된다. 지붕이 날라 갔다면 다시 씌워주면 된다. 하지만 지진은 다르다. 한번 금이 갔다면 그 건물은 더 이상 사용가치가 없게 되는 것이다. 근본이 흔들렸기 때문이다. 벽에 금이 갈 정도로 토대가 움직인 것이고 그것은 건물 전체에 영향을 미쳤고 균형을 깨뜨렸기 때문에 언젠가 반드시 무너질 것이라고 보는 게 맞다. 그래서 지진으로 피해를 입은 집은 부수고 다시 지어야 한다.

피해 상황을 점검하기 위해서 마을에 들어섰을 때, 가옥 한 채는 이미 완전히 부서져 있었다. 지진 때문에 완파된 것이 아니라, 일부러 부수고 있는 것이었다. 그리고 그곳에 다시 건물을 짓겠다는 것인데, 해머로 콘크리트를 잘게 부숴서 철골을 골라내고 있는 젊은 아낙을 볼 수 있었다. 너무 안타까운 마음으로 그 모습을 물끄러미 바라보다, 문득 입장이 바뀌어 있다는 생각이 들었다. 나는 애써 너무 슬퍼하고 있었고, 그 아낙은 평온하고 심지어 즐거운 마음으로 철골을 골라내고 있지 않은가?

동네를 돌며 마을 사람들을 찾아 나섰지만, 모두들 '최소한' 나보다 행복해보였다. 중국 정부는 우리에게 다른 것은 필요 없고 쌀과 간이침대를 요청했다. 정말 그들에게 필요한 것은 쌀이었고 간이침대였다. 우리에게 받아가야 할 행복이라는 것은 없었다. 오히려 그것은 우리가 받을 것이었다.

2013년 필리핀에도 대단한 태풍이 휩쓸고 지나갔다. 사망자만 6,000명이 넘었고 실종자도 2,000명에 이르렀다. 이재민이 400만 명이 넘는, 순간 최대 풍속이 379km/h인 믿기지 않는 슈퍼 태풍이 필리핀을 강타한 것이다. 허리케인, 사이클론을 다 통틀어도 이만한 위력을 가진 것은 없었다. 그것은 밖에 서 있으면 사람의 피부가 벗겨질 수 있는 끔찍한 바람으로 비행기 이착륙 속도와 맞먹는다. 메디피스는 의료진을 필리핀 일로일로 주에 파견했다. 재해로 인해 기름유출까지 발생한 지역에서 환자들을 돌보기 위해서였다. 숙소를 확보하기가 어려웠고, 취사 역시 불확실했다. 간편하게 먹을 수 있는 먹거리를 준비해서 출발했다. 그런데 무사히 일정을 마치고 돌아온 스탭이 준비해간 먹거리를 그대로 가져온 것이 아닌가? 일반적으로 현지에 필요한 대부분 물품은 철수 시에 현지에 남기고 온다. 그런데 먹거리를 되가지고 온다는 것은 아무래도 이상했다. 이유를 물어보니, 현지 사람들이 레토르트 식품에 대한 반감이 있어서 남은 것을 다시 가져올 수밖에 없었다는 것이다. 아무리 그래도 그렇지 재난 상황에서, 먹거리가 풍족하지 않을 텐데, 그들은 레토르트 식품을 먹는 것 자체에 대해서 어색한 반응이었다는 것이다.

재난 상황에서도 그들은 우리를 바라보고 평가하고 관찰한다. 우리가 생각하는 기준이나 문화, 습관이 그들에게는 매우 어색한 것으로 느껴지는 것은 당연하다.

행복의 기준은 행복을 느끼는 주체들의 것이다. '이것이 행복입니다'라고 말한 들, 본인이 행복하지 않다면, 그것은 행복이 아니다. 그 사람들은 무엇으로 행복을 느낄까? 그들의 행복은 어디에서 커지고 있을까? 이러한 질문은 기부의 출발 지점에서 반드시 생각하고 넘어가야 한다. 부족하고 불편하면 사람들은 그것을 극복할 수 있는 것이 무엇인지 자연스럽게 알고 있다. 우리는 바로 그 지점으로부터 기부를 시작해야 한다.

기부 수혜자들은 우리가 생각하는 것만큼 불행하지 않을 수 있다. 기부자가 수혜자들을 불쌍한 사람들이라고 인식하는 순간 기부자가 수혜자를 일방적으로 돕는다고 착각할 수 있다. 인도주의의 기본은 연대이다. 기부자와 수혜자는 상호적인 관계이지 누군가가 일방적으로 도움을 주는 관계가 아니다. 또한 불쌍하다는 편견 내지 선입견은 기부 전달(현지에 이루어지는 프로젝트와 사업들)에 그대로 반영되기 십상이다. 수혜자에게 있어 지진과 홍수와 같은 자연재해보다 사회적·경제적 문제가 더 큰 불행의 요인으로 작용할 수도 있다.

너무나 당연한 이야기이지만, 국제개발협력사업에 있어서 꼭 해야 할 일이 필요조사(needs assessment)라고 많은 사람들은 강조한다. 그래서 잘 조사할 수 있는 방법에 대해서 다양한 연구결과들이 있고, 스폰서 기관은 특정한 방식을 통한 필요조사를 요구하기도 한다. 그런데 필요조사는 두 가지로 크게 나누어질 수 있다. 그 사람들이 무엇을 원하는지를 알아보는 것과 그들에게 필요한 것이 무엇인지 파악하는 것이다. 언뜻 보면 똑같은 말 같지만, 두 가지 방식은 다른 점이 많다.

그들이 원하는 것을 찾는다는 것은 '당신은 무엇을 원하십니까?'라고 물었을 때 오는 답변이다. 그들에게 필요한 것이 무엇인지 파악하는 것은, 정해진 목표에 필요한 요소를 찾아보는 것이다. 그 정해진 목표를 잘 설정하면 문제될 것이 없겠지만 차이가 심하다면 전혀 불필요한 행동이 뒤따를 수 있다.

정확히 필요한 것이 무엇인지를 찾기가 언뜻 쉬워 보일 수 있지만 사실 만만한 작업이 아니다. 지역사회에 소속되어 있는 개인들은 전체 공동체에서 자신에게 요구되는 사회적 역할에 기반하여 이를 책임감 있게 수행하는데 있어서 부족한 요소를 제시하기는 어렵기 때문이다. 다만 자신이 당장 필요한 것이 무엇인지를 말하게 된다. 그런데 조사하는 개개인의 수가 많게 되면 그 요구는 매우 다양해지고 복잡해진다. 그리고 그를 통해 공통분모가 무엇인지를 파악할 수 있게 되고 이것은 공동체에 꼭 필요한 지점에 도달하게 된다. 이러한 분석을 통해서 그들에게 무엇이 필요한지를 파악하게 되면 큰 무리 없이 지역사회에 도움이 되는 방안이 마련

인도주의적 기부를 위하여

되게 된다.

원하는 것과 필요한 것을 구분하여 판단하는 것에 대해 좋은 예가 있는데, 메디피스가 세네갈 중부지역 중 8개 마을을 대상으로 진행하고 있는 WASH(Water, Sanitation and Hygiene) 프로젝트이다. WASH 프로젝트는 안전한 물(water), 위생시설관리(sanitation), 위생활동(hygiene)을 제공하여 질병이나 사망을 감소시키기 위한 프로젝트를 말한다. 특히 전 세계에서 매년 약 70만 명의 어린이의 사망을 야기하는 설사를 줄이기 위해 고안된 것이다. 이 세가지 접근을 동시에 하는 것이 가장 효과적인 위생 관리가 이루어지게 되고, 그렇지 않으면 그 효과가 현저히 떨어진다는 경험을 통해 WASH 프로젝트가 만들어졌고 일반적인 접근 방법이 되었다. 깨끗한 물의 공급은 개인당 최소 물 공급권장량인 20리터를 제공하는 것뿐만 아니라 작물과 가축을 기르는 데에 필요한 생활용수를 공급하는 것을 말하고, 위생관리시설 제공은 화장실 분뇨 처리, 고형 폐기물 관리, 배수 관리 등을 말한다. 또한 위생활동 개선이란 지역사회가 참여하는 가운데 주민들의 위생 교육과 건강 행위를 개선하는 것이다. 이 프로젝트는 단순한 건강 상태를 개선하는 것뿐만 아니라 기본적인 인권과 인간으로서의 존엄성 지키는데 있어서 가장 기본적인 환경을 제공한다는 의미가 있다. 메디피스는 코이카(KOICA)의 이러한 프로젝트에 참여하고 있는데, 관정을 개발하고 급수탑을 설치하여 각 마을로 깨끗한 식수가 공급되도록 수도시설을 만들고, 화장실을 만들어서 위생관리를 개선하고, 주민들을 대상으로 보건교육을 실시해서 감염 등에 의한 질환의 발생을 줄이는 활동을 하고 있다. 물론 식수공급 시설은 파트너 기업이 실시하고 있고, 이로 인해 혜택을 받는 주민의 수는 최소 4만 명 이상이 된다.

항상 이와 유사한 프로젝트를 진행할 때 걱정되는 것은 제공된 것들이 제대로 활용되는가이다. 이 프로젝트의 경우도 목표가 수인성 질환을 감소시키는 것인데, 아무리 깨끗한 물을 제공해준다고 해도 관리를 제대로 못한다거나 다른 요인들로 인해서 질병 감소가 이루어지지 못하는 경우가 발생할 수 있다. 그래서 적극적으로 활용하는 것은 주민들이 적극적으로 참여해서 자발적으로 수인성 질환이 발생하지 않도록 관리하는 것이다. 식수의 경우에는 대체적으로 주민들이 식수위생위원회를 구성하여 지속적으로 깨끗한 물이 공급되도록 관리를 하게 된다. 세네갈의 경우에도 이러한 위원회가 잘 구성되어 있어서 큰 걱정은 하지 않았다. 그런데 문제는 화장실이다. 화장실의 관리가 제대로 이루어지지 않게 되면 위생사업의 성과를 높이기 어려운데, 이 화장실이 어떻게 잘 관리될 수 있는가가 걱정이었다. 반면 주민들은 적절한 화장실의 공급을 간절하게 원하고 있었다. 그렇다고 관리가 잘 안 될 것으로 예상되는 화장실을 무턱대고 공급하는 것은 적절하지 않다고 보았다. 그렇다면 적절한 화장실이 제공되어 건강 상태를 개선하고자 하는 목표를 달성하고자 하는 데 필요한 것이 무엇인지 판단해야 했다.

그러던 중에 우연찮게 화장실위원회라는 것을 발견하게 되었다. 우습게 들릴지는 모르겠으나 화장실위원회는 마을별로 화장실 감독 담당자를 두고 매일 집집마다 돌아다니며 화장실을 체크하게 하는 것이다. 적절한 평가를 내려서 잘 관리되지 않고 있으면 소액의 벌금을 내게 하고 이 벌금은 매년 모아서 세척액을 구입하여 가정별로 나눠주도록 하고 있었다. 집집마다 돌아다니는 담당자는 주로 마을 주민 중 건강한 할아버지가 담당하고 물론 자원봉사자였다. 필자는 이러한 접근 방법이 다른 마을에서도 가능한지 궁금했다. 가족이 아닌 다른 사람이 자신의 집의 화장실을 검열하는 것을 문화적, 정서적으로 받아들일 수 있는 일이지, 이러한 시스템이 주민들의 반감을 사지는 않는지, 마을마다 자원봉사자는 쉽게 나타날 것인지, 궁금한 게 많았다. 마을을 돌면서 의견을 청해 들으니 모두들 가능하다는 반응이었다. 화장실위원회 설치가 가능하다는 판단에 따라, 주민들의 원하는 화장실이 현실적으로 잘 활용될 수 있다는 확신이 들었다. 화장실이 제공되어봤자 제대로 활용되지 못한다면 제공할 필요성이 없었겠지만 이 점이 해결될 수 있으니 주민들에게 제공할 필요가 생기게 된 것이다.

11
인도주의적 기부를 위한 가이드라인

인도주의와 기부 책임

기부자는 좋은 기부 결과를 의도해야 한다. 그러나 결과가 의도한 바대로 이루어지는 것은 쉽지 않은 일이다. 어딘가 과하거나 부족하기 일쑤다. 게다가 대리 기관을 통한 기부 행위일 경우, 이러한 기부 의도와 기부 결과가 일치하게 하는 것은 더욱 힘들게 된다. 그러나 기부자는 기부 결과를 확인하고 대리 기관에 수정을 요청하는 등의 모니터링을 하는 것이 쉽지 않다. 사실상 불가능하다. 이러한 상황에서 누가 기부 결과를 책임진다는 것은 어찌 보면 현실적이지 못하다.

대리 기관은 때론 기부자의 의도와 일정한 거리가 있는 행동을 하기도 한다. 하지만 대리 기관은 기부자에게 기부 효과에 대해서 확신을 주기 위해서 최선을 다한다. 그렇다고 해서 확신을 준만큼 기부 결과가 기부 의도와 일치하는 것은 아니다. 더 분명히 말하면 항상 일치하지 않는다. 다만 일치하려는 노력을 게을리 하지 않고 또 일치하지 않는 기부 의도를 수정해 줄 것을 요청할 뿐이다.

그래서 기부자가 자신의 기부에 대한 책임감에 충실할 수 있는 현실적인 방법은 대리 기관의 가치와 철학에 대한 성실한 평가를 하는 것이다. 이러한 과정에서 기부자와 대리 기관은 기부 효과를 높이기 위해서 생산적인 작업에 돌입할 수 있다. 이러한 생산적인 작업이 쌓일수록 원칙은 더욱 세밀해지고 상호 간의 신뢰를 형성할 수 있게 되는 것이다. 그 원칙과 신뢰를 쌓는 과정이 대리 기관의 정체성을 만들어가는 과정이다. 이를 위해서는 기부 결과에 대한 책무성을 높이고, 기부 의도와 기부 결과를 더욱 일치시키고, 기부 행위에서 발생하는 기부자와 수혜자 간의 권력관계를 감소시켜야 한다.

이러한 착한 기부를 만들기 위해서는 최소한 원칙에 대한 확인이 필요하고, 그 원칙은 몇 가지 요소를 가지고 있어야 한다.

우선 윤리적 결정이 필요하다. 수혜자에게 정당하지 않은 방법으로 피해를 줘서는 안 된다. 정의로운 가치와 충분한 증거, 논리적 접근을 통해서 선택이 이루어져야 한다. 이는 결과에 대한 책임감, 다양한 가능성에 대한 고려, 기부 과정에서의 최소한의 준법성, 문화적 고려를 의미한다. 행위 자체가 정당한 것이 아니라 방법과 결과에 대한 책임이 있는 행위여야만이 정당성을 얻을 수 있다.

두 번째, 권력관계가 만들어져서는 안 된다. 기부자가 항상 수혜자와 평등성을 유지해야 한다. 수혜자보다 우월하다는 의식은 결과적으로 권력관계로 나타나게 된다. 그뿐만 아니라 행위 과정에서 나타나는 방법에 따라 권력관계가 형성되기도 한다. 권력관계가 형성되면 개인적으로는 자존감과 자립심을 앗아가게 되고 지역적으로는 공동체를 해체하게 된다. 그래서 이러한 권력관계를 막기 위한 중요한 수단으로 기부의 익명성을 강조하게 된다.

세 번째, 지속성을 가져야 한다. 기부자의 우월감이나 동정심에서 비롯되는 기부는 자선피로(charity fatigue)나 기부피로를 쉽게 느끼게 만든다. 모금 과정에서 나타나는 감정에 호소하는 방식은 이러한 피로감에 노출될 수 있는 기부자를 모은다는 부작용을 가져오기 쉽다. 지속성을 유지하는 것은 공감의 정도에 따라 달라진다. 일방향적인 동정심이 아닌 상호적인 공감을 어떻게 이끌어내느냐가 기부 지속성의 관건이다.

네 번째, 동정심에 호소하는 기부를 경계하는 것 외에도, 정치적 이득이나 경제적 이득을 위한 개입이 되어서는 안 된다. 인도주의 실천이 원래 의미대로 이루어지기 위해서는 그 활동을 후원하는 기부자들의 의식 속에 명확하고, 올바른 인도주의적인 시각이 자리 잡혀 있어야 한다.

이러한 의식을 토대로 기부자들의 의도에 따른 진정한 인도주의적 실천이 이루어질 수 있다. 따라서 인도주의의 개념과 목적을 뚜렷이 하는 것은 한국 사회의 '착한' 기부 의식이 자리 잡게 하고, 인도주의를 표방하는 많은 NGO들이 올바른 인도주의적 목적 의식을 정립하는 데 그 의미를 찾을 수 있을 것이다.

인도주의적 기부의 원칙

기부는 참 좋은 행동이다. 하지만 인도주의적 기부라면 이제 기부 결과에 대한 책임이 고려되어야 한다. 즉 인도주의적 기부는 단순히 주는 행위에서 그치는 것이 아니라 받는 사람의 입장에서 좋은

인도주의적 기부를 위한 가이드라인

기부 결과로 이어져야 기부의 완성이 이루어지는 것이다. 하지만 앞서 강조한 바와 같이, 기부 결과를 측정하거나 평가하기란 쉬운 일이 아니다. 그래서 우리는 어떠한 기부 의도를 가지고 있고, 어떠한 기부 과정을 거쳤는가를 놓고 기부의 완성도를 판단할 수밖에 없다.

앞서 우리는 착한 기부를 위한 최소한의 원칙을 살펴보았다. 이제는 더 나아가 기부 결과에 대한 책임을 고려하는 인도주의적 기부의 원칙을 살펴보기로 하자. 이 원칙을 인도주의적 기부의 원칙이라고 표현하겠다.

첫째, 인도주의적 기부는 세계 보편적 가치에 기반하고 있어야 한다. 나의 행동이 타 집단의 도덕적, 문화적 가치에 손상을 주는 것이어서는 안 된다. 특정 정치적 입장을 요구하거나 종교를 요구해서는 안 된다. 예를 들어 피임이나 낙태 등 문화적 쟁점이 되는 사안의 경우 지역사회의 동의 과정을 거쳐야 한다. 현지 사회의 도덕적, 문화적 가치를 뛰어넘는 인도주의적 지원은 있을 수 없기 때문이다. 대리 기관은 이러한 원칙을 지켜야 하고, 지원을 이유로 자신들의 배타적 가치를 실현시키려고 해서는 안 되며, 분명한 입장을 밝히고 기부자를 모집하여야 한다. 특정 종교적 목적이나 정치적 목적을 위해서 기부금이 사용되지 않기를 바란다면, 기부자는 이에 대한 대리 기관의 명확한 답변을 요청해야 한다.

둘째, 행위의 결과가 직접적으로 기부자에게 영향을 미쳐서는 안 된다. 물론 이러한 영향 자체가 부도덕한 것은 아니지만, 인도주의적 기부는 기부 결과가 기부자와는 무관해야 하고 이해관계를 가지고 있어서는 안 된다는 뜻이다. 예컨대 기업의 시장 진출을 위해서 특정 지역의 소비자 그룹을 대상으로 한 지원이 적지 않게 이루어지고 있다. 그 결과가 수혜자에게 전혀 도움이 되지 않는 것은 아니지만 인도주의적 원칙에서 벗어난다. 또한 이러한 조건적인 기부는 수혜 지역 내에서 상식적인 지원이 아닌 현지의 문화와 이질적인 것으로 인식되기도 한다. 물품 지원의 경우 수혜자는 그 물품을 시장에 내다 팔고 자신들이 원하는 것을 취득하는 경우도 있다. 특정 물품을 지원할 경우 해당 지역 시장에 그 물건들이 많이 판매되게 되는데, 모두 이렇게 지원받은 물품을 판매하고자 하는 경우이다.

기부자는 기부하고자 하는 내용이 수혜자의 요구에 맞도록 그들의 요구를 적극적으로 수용해야 하고, 대리 기관을 통해 기부하는 경우에는 그 기관이 합리적인 판단을 할 수 있도록 기회를 제공해야 한다. 만약 특정 물품을 기부할 수밖에 없는 경우라면 그 물품이 최적의 기부 효과가 나타날 수 있도록 대리 기관이 수혜자 선택의 기회를 가질 수 있도록 배려해야 한다.

셋째, 기부는 커뮤니케이션에 기반해야 한다. 기부의 내용에 대해서 동의하고 공감하는 과정이 선행되어야 한다. 일방적이어서는 안 되며 상대방의 견해가 포함되어야 한다. 상대방의 견해는 집단적 견해일수록 인도주의적 기부의 조건에 가깝다.

넷째, 지역사회에 기반해야 한다. 개인을 나누고 개인 간 경쟁을 통해 선정되어서는 안 된다. 객관적 기준에 의해서 선정해야 하는 경우라 하더라도 그것이 지역사회의 질서를 해치거나 결속력을 떨어뜨리는 것이면 안 된다.

다섯째, 가급적 익명성을 지켜야 한다. 홍보를 목적으로 하는 것은 인도주의적 기부와는 거리가 멀다. 개인 기부는 특히 철저한 익명성을 지켜주는 것이 바람직하다. 기부를 통해 개인의 신상을

인도주의적 기부를 위한 가이드라인

공개하는 것은 인권문제를 야기할 수 있다. 또한 대리 기관은 기부자에게 사업을 진행하면서 얻은 정보를 무차별적으로 제공해서는 안 된다. 기부자와 수혜자 간의 사적(私的) 접촉은 불가피한 경우가 아니라면 가급적 자제하는 것이 좋다. 기부자와 수혜자 간에 종속적 관계가 형성되는 것은 좋지 않기 때문이다.

여섯째, 지속적이고 예측가능한 기부여야 한다. 이는 기부자보다 대리 기관의 역할이 중요하다. 수혜자의 삶을 계획하거나 지역사회의 개발 및 발전을 계획할 때, 지속적이지 않으며 예측가능하지 않은 계획은 기부 효과를 결정적으로 떨어뜨리게 된다. 또한 계획을 실천함에 있어서 서로 간의 약속을 지키는 것 역시 매우 중요하다.

일곱째, 기부에 대한 평가 중 가장 중요한 것은 변화이다. 구체적으로 말하자면, 행복이 증대되는 변화여야 한다. 증대된 행복은 자신뿐만 아니라 그들의 이웃이나 지역사회에 전달되어야 한다. 단순히 받는 입장에서 머물게 되는 것은 자발성을 떨어뜨리게 되고 결과적으로 좋지 않은 결과를 가져오게 된다. 받은 사람은 스스로 줄 수 있는 능력을 발견해야 한다. 이것이 가능해질 때, 대리 기관의 존재 없이 지역사회가 그들의 힘으로 자립할 수 있을 것이다.

여덟째, 인도주의적 기부자는 기부과정에 참여해야 한다. 기부는 수혜자에게 전달되어지고 공감적 소통을 하는 것으로 이어진다. 대리 기관에게 전달하는 것으로 끝나는 것이 아니다. 좋은 인도주의적 대리 기관을 찾는 행위, 대리 기관의 행동을 모니터링하는 행위, 기부 결과의 인도주의적 성과 여부를 확인하는 행위를 통해서 기부자는 기부 과정에 참여할 수 있다.

12
좋은 기부 대리 기관 찾기

착한 기부를 위하여 무엇보다 우선되어야 할 작업은 인도주의적 시각을 갖추는 것이다. 여행을 가든, 박물관에 가든 아는 만큼 보이는 것이다. 따라서 필자는 인도주의적 시각을 제시하기 위하여 먼저 인도주의의 개념과 역사 그리고 원칙에 대해 많은 부분을 할애하면서 서술해 왔다. 이러한 인도주의적 시각을 충분히 이해하고 이에 충실히 기초한다면, 그 다음으로 중요한 것은 자신의 기부금 혹은 기부물품을 수혜자에게 전달하는 역할을 맡을 좋은 대리 기관을 선택하는 것이다. 따라서 이번 장에서는 대리 기관과 활동가에 대하여 알아보고, 좋은 기부 대리 기관을 찾을 수 있는 방법을 모색해 보도록 하자.

대리 기관의 종류와 역할

통계청의 자료에 따르면,[26] 2011년 현금기부의 기부경로를 분석한 결과 직접 수혜자에게 전달한 경우는 12.1%에 해당하고, 대부분의 기부는 모금단체나 종교단체 등을 통해서 이루어졌다고 한다. 이를 통해, 우리는 기부자와 수혜자의 사이에서 서로를 이어주는 역할을 하는 어떤 이 혹은 단체가 있음을 쉽게 예상할 수 있다. 이 중간자 역할을 하는 것이 바로 대리 기관이다.

기부자들은 다양한 동기에 의해 기부를 하게 되지만, 기부자의 자발적인 동기뿐만 아니라 대리 기관에 의해서도 기부 동기는 확장된다. 대리 기관은 개인들에게 기부의 필요성을 강조하고 참여를 위한 계기들을 적극적으로 마련해준다. 이처럼 대리 기관에 의한 동기 부여는 점차 늘어나는 추세이다.

대리 기관은 개개인의 다양한 기부 동기를 수용하며, 그들의 기부 목적이 달성될 수 있도록 돕는다. 즉, 개인의 기부가 수혜자에게까지 도달될 수 있도록 대행해 주는 역할을 하는 것이다. 그뿐만 아니라 대리기관은 기부자의 기부를 수혜자에게 전달하는 과정에서 전문적인 역량을 발휘하여 기부 효과를 극대화하고자 노력한다.

대리 기관은 전문적인 기관에서 전혀 다른 목적을 가진 기관까지 다양하다. 실제로 이 대리 기관 역할을 하는 기관은 정부 관련 기관(사회복지공동모금회, 적십자 등), 모금단체(바보의나눔 등), 종교단체, 직장, 언론기관, NGO 등 매우 다양하다. 대표적인 대리 기관은 NGO라 할 수 있고, 이러한 NGO들은 인도주의적 지향을 갖는 경우가 많다.

대리 기관의 역할은 크게 보자면 기부자의 기부를 수혜자에게 전달함으로써 기부를 완성시키는 것이지만, 구체적인 역할은 수혜자에게 혜택이 전달되기까지의 모든 과정에서 세분화된다.

먼저, 대리 기관은 모금을 담당한다. 시민들이 기부에 참여할 수 있도록 정보를 적극적으로 전달하고, 모금을 위한 창구를 개설하여 가급적 정기적인 기부가 이루어지도록 독려한다. 모금은 온라인을 비롯하여 거리모금, 방문모금 등 다양한 방식을 통해 진행된다.

두 번째, 모금한 금액을 또 다른 대리 기관을 선정하여 전달하기도 한다. 이 경우는 주로 모금만 하는 대리 기관일 경우이거나 모금액의 일부만 실행 사업에 투입하고 나머지는 다른 대리 기관에게 전달하는 경우이다. 최근에는 이러한 역할을 하는 민간재단이 점차 증가하고 있다.

세 번째, 자체 모금을 통해 기관 고유의 사업을 실행(수혜자에게 다양한 방식을 통해 전달)하는 역할을 한다. 우리나라의 경우 정부의 보조금이나 기업의 기부금을 단체 운영비로 활용하지 못하게 하는 일이 많아서 실제 사업 실행이 어렵기 때문에, 정부나 기업 이외의 경로로 모금을 함으로써 운영비를 확보하려는 경향이 있다.

네 번째, 역량 강화와 체계적인 조직 운영을 통해 도덕적이고 효율적인 기부 효과를 달성하기 위해 노력한다. 기부 효과는 결국 수혜자를 통해서 실현되는데 단순한 전달자로서의 역할에 그칠 경우 적절한 효과를 낼 수 없다. 그래서 다양한 방법을 개발하여 기부자의 의도에 맞는 최적의 결과를 낼 수 있도록 노력해야 한다. 이를 직업적으로 수행하는 사람을 대개 활동가라고 부른다.

활동가

어린이재단이 발간한 『한국 개발 NGO의 국제개발협력 인식에 대한 연구』에 따르면 국제 활동 NGO에서 활동하는 인력들을 대상

좋은 기부 대리 기관 찾기

수혜자와 가장 가깝게 그리고 최종적으로 접촉하는 사람은 활동가이다. 활동가는 수혜자의 입장에서 기부자로 인식되고, 기부자는 대리 기관으로 인식하게 된다. 이 두 가지의 시각 사이에서 활동가의 역할은 때론 기부 효과에 결정적인 영향을 미칠 수가 있다. 활동가는 이에 대한 철저한 책임의식을 가져야 한다. (사진: 메디피스 필리핀 일로일로 사업 현장, 2013. 촬영: 한승연 작가)

으로 국제 활동의 이유를 물어본 결과, 인도주의적 이유가 65%로 가장 높게 나타났다. 이처럼 전문적인 대리 기관에서 활동하고 싶어 하는 사람들 중에는 가치지향적인 사람이 많다. 가치 있는 삶이라고 믿기 때문에, 자신이 가진 능력보다 금전적으로 덜 대우를 받는다고 해도 이를 참아내고 헌신하려는 사람들이 대부분이다.

이러한 사람들을 흔히 활동가라고 표현하는데, 영어 표현인 actor를 번역한 것으로, 행동하는 사람 또는 실천하는 사람이라는 의미에서 이러한 명칭을 사용하는 것 같다. 활동가는 가치를 전파하고, 활동을 기획하고, 그 활동에 필요한 기금을 조성하고, 다양한 목적을 위해 조성된 기금, 기부를 통해서 만들어진 모금액 또는 물품을 공공적으로 활용해서 수혜자에게 전달하는 역할을 주로 한다. 전달하는 과정에서 공평하고 체계적인 방식을 통해 수혜자의 복지나 생계를 도와주는 기법을 개발하기 때문에 기부에 대한 책임을 일차적으로 떠안게 된다.

반면에 수혜자의 입장에서는 전달자 역할을 하는 대리 기관과 활동가를 일차적인 기부자로 인식하게 되고, 일부 방식(일대일아동결연 등)을 제외하면 실제 기부자가 누구인지 인식하지는 못한다. 대리 기관의 선택에 따라 누가 수혜자가 되느냐에 결정적인 영향을 미치는 것이 일반적이기 때문에 수혜자가 대리 기관을 기부자로 인식하는 것은 어쩌면 당연하다.

그렇다면 기부자는 대리 기관과 활동가를 어떻게 인식할까? 첫째로 기부자는 대리 기관을 자신과 일체화된 대상으로 인식한다. 자신을 대신해서 선행을 전달하는 역할을 할 뿐이지만, 자신이 관여할 수 있는 것은 기부를 하느냐 안 하느냐를 결정하는 근원적인 행동 이외에는 없다고 생각하기 때문에 일체화의 정도를 중요하게 생각한다. 일체화의 기준에서 가장 중요하게 생각되는 것은 도덕성이다. 기부자는 기부 전달 기능이 매우 복잡하고 많은 지식이 필요하다는 것을 잘 알지 못하는 경향이 있고, 단지 정직하게 잘 전달해주면 된다는 생각을 하는 것 같다. 즉 대리 기관은 나의 도덕적 대리자가 되는 것이다. 실제로 대리 기관의 역량에 따라 기부 효과는 크게 달라지고 심지어는 수혜자에게 부정적인 영향을 미칠 수 있다. 하지만 기부자는 기부 전달에 대한 지식이 부족해서 기부 효과가 적게 나타났는지 어땠는지에는 큰 관심을 두지 않는 경향이 있다. 기부 결과가 기부자에게 잘 전달되지 않기 때문이기도 하지만 실제로 기부자는 그 결과에 그다지 민감하지 않는 점도 있다. 그러나 기부 전달 과정에서 발생하는 도덕적인 실수에

좋은 기부 대리 기관 찾기

대해서는 매우 엄격하다. 그래서 대리 기관은 더욱 착하고 투명해야 한다. 그래서인지 활동가는 자신들이 착한 사람이라고 믿거나 현실과의 괴리감으로 힘들어하기도 한다. 특히 소속 단체의 방침이 '착한' 나의 생각에 거스른다고 생각되면 심하게 반발하기도 한다.

둘째로 기부자는 대리 기관을 고용한 것으로 보기도 한다. 경제적인 구조 안에서 기부자-대리 기관 관계를 규정하는 것이다. 내가 지불한 기부금을 통해 활동가의 월급이 지급된다. 기부자가 없으면 활동가는 존재할 수 없기 때문에 결과적으로 대리 기관(활동가)은 기부자에게 고용된 셈이 되는 것이다. 실제로 최소한 수백 명의 기부자가 있어야 활동가 한 명의 고용이 가능해진다. 반면 활동가는 스스로를 기부자보다 더 월등한 도덕적 삶을 살고 있다고 생각하는 경우가 많아서 이러한 경제적 관계를 거부하려는 경향이 있다. 직장, 고용, 임금, 복지 등 모든 관계가 비경제적인 관계에서 해소되기를 바라는 것이다. 그러한 경향으로 인해 일반적인 직장 문화와 NGO의 문화는 다른 모습으로 나타난다. 직원으로서의 활동가는 직장인 자신의 NGO에 덜 얽매이는 경향이 있다. 이 직장을 그만둔다 하더라도 그동안 일해 온 것을 누적된 나의 선행으로 인식하고, 조기 퇴직을 직장 생활의 실패로 보지 않는 것이다. 당연히 NGO의 높은 이직률은 이러한 현상과 무관하지 않다. 심지어는 활동가로 살아가는 것은 직장이 아니라고 생각하는 경우까지 발생한다. 몇 해 전 박원순 변호사가 자신의 직장란에 '시민활동가'라고 기재해서 화제가 된 바가 있다. 사실 정상적이고 자연스러운 일인데 그것이 화제가 된 것 자체가 화제 거리이다. 미국의 경우, 2014년에 나눔 관련 기관에 고용된 인원이

1,140만 명으로 전체 민간부문 고용의 10.3%를 차지한다는 것을 생각해보면 더욱 그렇다.27)

좋은 기부 대리 기관이란

대리 기관의 철학과 가치 확인

대리 기관의 철학과 가치를 확인하는 이유는 기부자의 기부 목표와 기부 결과의 일치를 위한 것인 만큼, 기부하기에 앞서 기부 목표가 무엇인지 점검하는 것이 우선되어야 한다. 기부 목표는 기부자가 원하는 변화된 상태가 무엇인지를 결정함으로써 확인된다. 기부 목표의 예로는 종교적 가치 실현, 세계평화에 기여, 빈곤의 감소, 불공평에 따른 건강문제 해소, 소수자의 인권 보호, 지구촌 환경문제 개선 등을 들 수 있을 것이다.

 기부 목표를 정한 이후에는 그 목표를 실현하고자 하는 많은 대리 기관들 중 자신의 철학과 가치에 부합하는 대리 기관을 선택해야 한다. 이를 위한 좋은 방법은 각 대리 기관의 문제 해결 방식을 확인하는 것이다. 왜냐하면 해결방법론에는 기관의 철학이 담겨져 있기 때문이다. 예를 들어 건강문제를 해소하기 위한 방법으로 직접적인 의료서비스를 제공하는 것을 주요 방법으로 채택하는 기관이 있는 반면, 지역사회의 자치성과 지속가능한 발전을 위한 구조적인 변화에 도움을 주고자 하는 기관도 있다. 빈곤의 감소를 위한 활동을 하는 기관의 경우에도 빈곤의 사회적 문제를 제도의 개선이나 정치의 변화를 통해 해결하고자 하는 경우가 있을 수 있고, 또 다른 방법은 빈곤퇴치를 위해 가구 당 가축을 보급하는 등과 같은 지역 개발을 통해서 진행할 수도 있다.

또한 모호하거나 지나치게 포괄적인 미션이나 비전을 제시하는 기관은 실제 기관의 내용이 반영되지 않을 수 있으니 이 점 또한 고려해야 한다.

문제의 해결을 위해서 취하는 현지 파트너와의 관계도 주요한 고려 대상이다. 현지 지역정부와 주민조직, 현지 파트너 민간기관 및 교육기관 등 다양한 파트너십이 얼마나 잘 짜여 있는지를 확인하면 된다. 지나치게 현지 사무소를 무리하게 설립하거나 간판부터 달고 있는 경우는 파트너십에 대한 고려, 현지 지역사회에 대한 고려가 부족한 경우가 많다. 즉 시혜적인 접근을 하고 있을 가능성이 높은 것이다.

가장 위험한 대리 기관은 자신들의 철학과 가치를 가리거나 희미하게 처리하여 명쾌하게 설명하지 않는 경우이다. 기부자의 착각을 유도하여 정확한 기부활동을 방해하는 경우에는 일단 의심해야 한다. 예를 들어, 종교적인 미션을 가지고 활동하는 기관이 분명한 자신의 미션을 노출시키지 않는 경우 비종교적인 의도에서 접근하는 기부자에게 착각을 불러일으킬 수 있을 것이다.

지나치게 감성적인 접근을 하는 기관도 주의해서 봐야 한다. 일대일결연을 맺도록 하여 해외아동을 후원하는 기관이 해당 아동의 사진, 실명, 나이, 사연 등을 대량으로 홍보에 동원하고 불쌍한 이미지를 전달하여 감정에 호소하는 경우는, 그 기관의 철학의 빈약이 반영된 결과로 보면 될 것이다.

기관의 임원 구성을 확인하는 것 역시 기부 대리 기관의 철학을 파악하는 또 하나의 방법이 될 수 있다. 활동의 규모에 비해 임원

금전이나 금품 등을 통한 기부는 최종적으로 대리 기관의 전문적인 역량을 통해 수혜자에게 효율적이고 효과적으로 전달되게 된다. 대리 기관의 전문성은 기부 효과에 미치는 영향이 매우 크지만 자칫 기부자는 이러한 중요성을 간과하기 쉽다. (사진: 메디피스 포럼 "국제보건안보 구상, Global Health Security Agenda", 2016. 촬영: 메디피스)

의 구성이 지나치게 방대하거나, 활동의 내용과 일치성이 떨어지는 임원의 구성은 의심해볼만 하다. 실제로 이름만 빌려주거나 심지어 본인이 모르는 상황에서 명단에 올라 있는 경우도 있다. 또한 형식은 법인을 취하고 있지만 활동보고나 활동사진 등이 1인 중심으로 비춰지는 경우는 정관과 내규에 따른 조직운영이 되지 않고 개인 중심으로 운영되는 조직일 가능성이 높으므로 대리 기관 선정에 각별히 주의를 기울여야 한다. 특히 전관예우에 기대어 기관을 운영하는 경우, 기관의 임원이 공무원 출신이면서 소속되었던 정부기관들의 지원이 사업 운영의 주를 이루고 있는 경우는 생계유지형 기관인지를 의심해야 한다.

대리 기관의 전문성 확인

기부자가 대리 기관을 선택하는 이유는 기부 전달이 불가능하거

좋은 기부 대리 기관 찾기

나 복잡하고, 기부 효과를 확신하기 어렵기 때문이다. 특히 해외의 경우는 기부금 전액을 사회복지관이나 보육원 같은 수혜자에게 전달하고자 해도, 현실적으로 불가능해서 적절하게 수혜자에게 전달하고 기부 효과도 극대화해 줄 대리 기관을 찾을 수밖에 없다. 기부자는 대리 기관을 선택하는데 있어서 크게 세 가지를 고려하게 된다. 첫째는 앞서 말한 가치가 일치하는지, 둘째는 기관을 신뢰할 수 있는지, 셋째는 기부의 효과를 크게 만들 수 있는 전문성이 있는지의 문제이다.

대리 기관의 전문성은 상대적으로 기부자에게 많은 관심을 갖지 못하는 경우가 많다. 대리 기관을 단순한 전달자의 역할로 보는 경향이 클수록 전문성의 중요성을 못 느낄 수 있을 것이다. 하지만 인도주의적 활동의 경우, 대리 기관은 단순한 기능적 역할만을 수행하는 것이 아니다. 사람들이 사는 세상의 질서를 읽고 그 사회의 긍정적인 변화의 방향을 찾아내고 연대와 협력의 틀을 마련하는 포괄적 접근을 하는 것이 대리 기관의 역할이다. 이러한 접근에 있어서 과학성의 부족, 체계성의 부족, 경험의 부족, 지식의 부족으로 인해 비극적인 결과를 가져오는 경우를 종종 보게 된다. 이러한 비전문성은 기부 효과에 있어서 심각한 장애 요소로 작용한다.

하지만 대리 기관의 전문성이 어느 정도인지를 확인하기란 쉽지 않다. 그래도 간단하게 대리 기관의 전문성을 확인해보기 위해서는 우선 대리 기관이 진행하고 있는 각 활동 간 연관성이 어느 정도 있는지를 알아보는 것이 중요하다. 만약에 그 기관에서 진행하고 있는 여러 활동이 서로 연관성 없이 구성되어 있다면, 일단 장기적인 시각에서 활동을 준비하고 실행하지 못하거나 계획에 없던 대응을 하고 있을 가능성이 높다. 전문 기관으로서의 대리 기관의 역할을 수행하기 위해서는 적지 않은 지식과 경험이 필요하고 이를 위해서는 상당한 집중력을 가지고 활동에 임해야 한다. 그런데 기관의 전체 규모가 크지 않음에도 불구하고, 이것저것 방만하게 활동을 실행하고 있다면 좋은 결과를 얻고 있을 가능성은 적다.

전문성에 대한 가장 손쉬운 확인은 그 기관의 활동 분야가 명확하게 구획되어 있는지를 확인하면 된다. 여기서 분야란 영역별로 보건, 교육, 문화, 지역개발, 농업, 환경 등으로 나뉘고, 대상별로는 여성, 아동, 장애인, 이주민, 난민, 성적소수자 등으로 나뉠 수 있다. 이러한 분야를 구획하지 않고 (특정하지 않은) 평화, 행복, 사랑, 따뜻함, 온정 등의 하위 접근방법으로 다양한 분야가 무질서하게 산재해 있다면 전문성을 기대하기 어렵다. 특정 분야에서 꾸준하게 활동하고 있는 기관을 선택해야 대리 기관 선택의 실패를 피할 수 있다. 물론 다분야 활동 NGO 중에는 이를 뒷받침할 만한 규모를 갖추고 있어서 개별 분야에 전문성을 가지고 있을 수는 있다.

대리 기관의 활동 정보 확인

대리 기관이 하는 활동들이 무엇인지 확인하고자 할 때 주의할 것은 너무 기관의 홍보에 민감해하지 말라는 것이다. 홍보는 좋은 카피라이터가 할 수 있을지는 모르지만 실제 활동은 잘 단련된 활동가의 몫이다.

물론 대리 기관의 활동 정보를 확인한다고 해도 그 활동의 가치와 질을 판단하는 것은 쉽지 않고, 좋은 활동이 무엇인지 알기가 쉽지 않다. 그래서 좋지 않은 활동일 가능성이 높은 것을 예시하고자 한다.

먼저, 가장 기본적인 판단 방법은 지나치게 개인의 어려움을 부각시키고 있지는 않은지 살펴보는 것이다. 인도수의적 활동은 좋은 결과, 좋은 변화를 이끌어내는 데 적지 않은 시간이 걸리고 그것을 확인하고 측정하는 것이 쉽지 않다. 이렇게 확인하고 측정한 결과를 기부자에게 보고하고 예비 기부자에게 호소하는 것은 만만한 작업이 아닌 것이다. 그래서 손쉽게 접근하는 것이 개인의 아픔이나 어려움, 불쌍함 같은 동정에 의존하는 경우가 많다. 물론 홍보의 극대화를 위해서 개인의 스토리를 활용하여 그가 소속되어 있는 지역사회의 어려움을 대표적으로 묘사하여 전달하는 것은 흔히 사용하는 홍보방법이긴 하다. 그러나 실행하고 있는 활동의 전반적인 결과 상황을 전달하려는 흔적이 보이지 않는다면 활동의 성과를 의심해 보아야 한다.

두 번째는 지나치게 일회성 활동이 많은 경우이다. 긴급구호의 경우에는 일회성의 비중이 높을 수는 있지만 그렇지 않은 경우에는 높은 활동 효과(기부 효과)를 기대하기는 쉽지 않을 것이다. 예컨대 보건의료 활동의 경우 일회성 의료봉사를 지나치게 반복하는 경우에는 좋은 활동성과를 기대하기 힘들다. 물론 백내장 수술 같은 경우에는 일회적인 접근이라 하더라도, 현지 파트너 기관의 사후관리가 가능할 경우에는 좋은 활동성과를 기대할 수 있을 것이다.

세 번째는 지속적인 활동이다. 일회성도 문제이지만 얼마나 오랫동안 활동을 지속하고 있는가를 확인해보는 것이 좋다. 하나의 지역에서 또는 하나의 시설에서 오랫동안 활동을 지속하고 있다는 것은 해당 지역 또는 해당 시설에서 좋은 관계를 맺고 있으며,

지속적인 펀드레이징이 이루어지고 있다는 의미로 해석해도 무난하다. 활동 기간 동안 실패와 실수도 있었겠지만 지속적으로 수정하고 보완하는 과정을 밟고 있다고 볼 수 있다.

네 번째는 기관의 각각의 활동에 참여하고 있는 신뢰할 수 있는 파트너들을 확인하는 것이 중요하다. 파트너에는 활동 경비를 제공하는 스폰서 기관, 국내에서 동참하고 있는 전문가 그룹이나 기관, 해외의 경우 공동 활동에 참여하는 기관들이 있을 수 있고, 이들이 어떻게 구성되어 있는지를 확인해보는 것이다. 신뢰할 수 있는 파트너들과 함께하고 있는 활동이 많다는 것은 그만큼 신뢰할 수 있는 대리 기관일 가능성이 높다.

대리 기관의 재정운영 확인

재정운영을 확인하는 가장 큰 이유는 나의 기부금의 실제 사용처를 확인하고 싶어서일 것이다. 혹시 내가 예상하고 있는 섯보다 많은 운영경비가 사용되고 있는지, 아니면 본래의 목적에 맞는 활동을 하고 있는지 궁금해 하는 것은 당연하다.

그래서 기부자들은 일반적으로 나의 기부금이 구체적으로 어느 활동에 어떻게 활용되고 있는지 확인하고 싶은 욕구가 생긴다. 또한 모금의 투명성을 위해서는 모금액이 구체적으로 사용되는 사용처에 대해서 밝히는 것이 옳다는 생각을 하게 된다. 하지만 이러한 욕구는 현실과 충돌하는 경우를 더러 보게 된다.

우선 운영경비를 바라보는 시각이다. 기부자는 내가 제공한 기부금이 최대한 많이 직접적인 수혜자에게 어떠한 형태로든 전달되기를 희망한다. 대리 기관들도 기부자와 같은 생각을 하겠지만 활동의 성격에 따라 운영경비의 비중은 달라지게 된다. 예를 들어

좋은 기부 대리 기관 찾기

대리 기관의 주된 역할이 수혜자에게 직접적인 서비스를 제공하는 경우는 인건비의 비중이 높아질 수밖에 없다. 대체로 복지 서비스의 경우 노동집약도가 높은 경우가 많아서 이에 해당된다. 긴급구호 시 보건의료 활동에도 실제 의약품의 경비보다 많은 비용을 투입인력에 투입해야 할 경우가 꽤 있다.

또한 해외사업의 경우에는 국내보다 상대적으로 활동경비가 월등하게 많이 들게 된다. 활동가를 국내에서 파견할 경우 그 비용은 비교할 수 없을 정도로 많이 소요된다. 그래서 현지 인력의 채용은 인건비에 포함되지 않고 직접경비에 포함되는 경우가 많고 상대적으로 인건비가 적게 들기 때문에 현지 인력을 적극 활용하려고는 하지만, 운영경비를 줄이기 위해서 파견인력을 너무 줄이게 되면 활동의 효과에 좋지 않은 영향을 미칠 수 있다.

또한 기관의 전문성이 높을수록 많은 운영경비가 소요된다. 이 경우에는 고급 전문 인력이 상대적으로 많이 필요하고 그로 인해 인건비의 비중이 높아질 수밖에 없다.

그래서 운영경비의 비중만을 가지고 대리 기관이 기부과정을 효율적으로 운영하고 있는지를 측정하는 것은 한계를 가지게 된다. 효율성에 대한 평가는 대리 기관의 특성을 고려해서 진행하는 것이 중요하겠다.

운영경비의 문제 외에 기부금의 사용처를 둘러싼 시각의 차이가 있다. 기부자의 입장에서는 내 기부금이 도대체 어디에 사용되고 있는지 궁금해 하지만 대리 기관은 이를 정확하게 알려주는 데 한계가 있다. 종종 기부 약정서에 기부금의 사용처를 기부자가 선택하도록 하고, 이를 통해 대리 기관은 기부자의 기부 의도에 따라 활동의 우선순위와 비중을 정하게 된다. 예를 들어 북한 주민

지원과 아프리카 주민 지원을 선택케 했을 때, 대리 기관은 기부자의 선택에 따라 각각의 지원 규모를 책정하게 된다. 하지만 현실에서는 이게 쉽지 않을 경우가 많다. 외부적인 요소가 변할 수도 있고, 갑자기 프로젝트를 종료 하면 문제가 될 수도 있다. 그러므로 구체적인 사용처를 기부자가 확정하기 보다는 대리 기관의 전반적인 사업 내용을 확인하고 이에 동의한다면, 활동의 우선순위에 대한 판단은 대리 기관에게 맡기는 것이 현실적일 것이다.

대리 기관의 투명성 확인

NGO에 소속된 인력을 대상으로 소속 단체의 기관운영 및 사업 관련 정보를 투명하게 공개하고 있는지에 대한 한 설문조사에서 응답자 중 67.5%가 긍정적인 평가를 했으며,[28] 현재 기부하고 있는 시민들을 대상으로 본인의 기부금이 본래의 목적대로 제대로 쓰이고 있는지에 대한 설문조사에서는 91%의 기부자가 긍정적인 답변을 했다.[29] 기부자는 자신의 대리 기관에 대한 기부자의 신뢰도가 높지만 여전히 대리 기관은 투명성을 높이기 위한 노력이 필요한 것으로 보인다.

기부자가 우선 투명한 대리 기관을 선정하기 위해서는 정보 공개가 얼마나 잘 되어있는지를 살피는 것이 중요하다. 최근 들어 정부는 공익법인의 회계정보를 의무적으로 공개하도록 하고 그 감시를 강화하고 있어서 NGO들도 이에 대비할 수밖에 없고 재정운영에 대한 감독도 강화되어서 향후 투명성은 높아질 것으로 보인다. 그러나 일반적인 기부자들은 회계정보를 정확하게 이해하지 못하는 경우가 많기 때문에 기부자가 이해하기 쉽게 정보를 잘 전달하고 있는지도 꼼꼼히 살펴볼 필요가 있다. 사업소개 역시 추상적이지 않고 구체적인 내용이 잘 적시되어 있는지도 중요하게 검토해 봐야 한다.

  정보를 공개하는 것 외에도 정보의 질이 어느 정도인지를 판단해야 한다. 단체의 성격에 따라 다르겠지만 지나치게 인건비나 일반관리비의 비중이 높지는 않은지, 직접사업비의 비중은 적절한지 살펴보는 것이 중요하다. 일반관리비의 경우에도 너무 낮으면 이 또한 정확한 정보를 전달하고 있는지 의심해볼 만하다.

■ 나가며

글로벌 시대에 들어서서 지구촌은 남반부와 북반부 간의 빈부 격차는 심화되었고, 일국 차원에서도 국민들의 빈부 격차는 커지고 있다. 이러한 빈부 격차의 근본적인 원인은 불평등에 있으며, 이로 인해 구조적인 빈곤의 문제와 인권의 문제들이 확대 재생산되고 있다. 이를 극복하기 위해서 정부 차원의 적극적인 정치, 경제, 외교적 노력들이 필요하지만 불평등이 완화되고 있다는 증거는 찾기가 어렵다. 이럴 때일수록 민간 차원의 노력과 개인 차원의 노력이 더욱 절실하다. 우리나라는 21세기를 맞이하는 길목에서 단군 이래 가장 부흥한 시기라고 할 수 있을 만큼 경제적인 안정을 얻어냈다. 하지만 우리나라도 세계적인 추세와 마찬가지로 빈부의 격차가 걱정되는 수준까지 이르고 있다. 정치나 제도 차원에서 이를 개선할 방안들을 시급히 마련해서 더불어 행복할 수 있는 기반을 마련해야 할 것이다. 또한 국민 개개인은 이웃의 아픔이나 어려움을 같이 해결해 나가려는 노력이 필요하다.

국내에서의 노력은 주로 정부의 복지 정책을 강화하는 방향으로 이루어지고 있다. 또한 민간 차원에서는 정부의 복지 혜택으로부터 벗어나 사각지대에 놓여있을 소외 계층을 위한 나눔 활동이 조금씩 활발해지고 있다. 하지만 경제대국의 대열에 합류한 우리나라의 역할은 국내에 머물 수만은 없다. 정부는 선진국이 개발도상국의 개발에 필요한 자금을 제공하는 공적개발원조(ODA) 금액을 대폭 높일 것을 주변 국가로부터 요구받고 있다. 그래서 정부는 국민의 세금을 개발도상국의 개발에 더 많이 투입하고 있다.

민간 역시 지구촌 이웃의 아픔에 동감하기 위한 활동의 규모가 커지고 있다. 예전에는 찾기 힘들었던 국제 활동 NGO가 우후죽순처럼 생겨나고 있고, 이들의 활동을 위한 모금의 규모도 커지고 있다. 해외의 빈곤 계층을 위해, 나도 기부하겠다는 사람의 수가 늘어나고 있는 것이다. 하지만 기부를 어떻게 하면 더 좋은 기부가 될 수 있을 것인가에 대한 고민은 우리 사회에서 거의 찾기 힘들다. 모금단체들의 입장에서 기부의 양을 늘리기 위한 노력은 어렵지 않게 찾을 수 있지만, 기부의 질을 높이기 위한 논의는 찾기 어렵다. 이러한 상황에서 본 책은 기부의 질을 높이는 방법이 무엇인지에 대해서 고민해 보았다. 이제 마무리를 위해서 정리하자면 다음과 같다.

먼저, 기부는 모두가 착한 것만은 아니다. 기부는 얼마든지 나쁜 결과를 낳을 수 있다. 나쁜 결과에 대해서는 기부자도 일정 부분 책임이 있다.

두 번째, 기부는 기부금이나 기부물품을 전달하는 것으로 끝나는 것이 아니라 수혜자에게 전달되어 기부의 효과가 나타나는 것까지의 전 과정을 기부라고 할 수 있다.

세 번째, 기부의 동기는 다양할 수 있으며, 동기에 따라 그 결과에도 영향을 미칠 수 있다. 이 책에서는 자비의 동기와 인도주의의 동기를 중심으로 살펴보았다.

네 번째, 기부는 일방향의 과정이 아니라 쌍방향의 과정을 통해서 이루어져야 한다. 공감과 동감에 기반한 연대 행위여야 하며 나보다 불쌍한 사람에 대한 동정이어서는 안 된다.

다섯 번째, 기부 과정에 참여하고 있는 대리 기관의 역할은 좋은 기부 효과를 가져오는 데 결정적이다. 기부자는 좋은 기부를 위해서는 대리 기관의 성격과 역량에 대해서 신중한 고려가 필요하다.

여섯 번째, 좋은 대리기관을 선정하기 위해서는 철학과 가치, 전문성, 활동 정보와 재정 운영의 투명성 등에 대해서 살펴보는 것이 좋다.

일곱 번째, 기부의 판단 기준은 인도주의의 원칙을 적절하게 지키고, 이에 기반한 활동을 진행하는지의 여부이다. 종교적 신념에 의해 설립된 대리기관이나 종교적 실천을 위한 기부자의 기부라 하더라도 수혜자에게는 인도주의적 원칙을 가지고 접근해야 한다.

기부자
익명성 무대가성

- 순수한 기부 의도: 익명성 / 무대가성
- 인도주의적인 기부 대리 기관을 선택할 것
대리 기관의 철학과 가치 확인 / 대리 기관의 활동정보 확인 / 대리 기관의 전문성 확인 / 대리 기관의 재정운영 확인 / 대리 기관의 투명성 확인
- 대리 기관의 인도주의적 원칙 이행의 감시로 기부에 책임질 것
사업 진행 사항 모니터링 / 사업수행 결과 확인 / 재정 보고 확인

대리 기관
전문성 투명성

- 인도주의적 원칙 이행
선택의 정확성 / 공정성 / 책임성 / 중립성 / 독립성 / 복제 가능성
- 인도주의적 기부 원칙 이행
세계 보편적 가치에 기반할 것 / 행위의 결과가 직접적으로 기부자에게 영향을 미쳐서는 안 됨 / 커뮤니케이션에 기반할 것 / 지역사회에 기반할 것 / 익명성을 지킬 것 / 지속가능하고 예측가능한 기부를 할 것 / 변화를 가져올 것 / 기부 과정에 참여할 것
- 기부자가 기부 전달 과정에 참여할 수 있도록 유도
홈페이지 관리 / 기부자와의 소통을 위한 창구 개설 / 사업 진행 사항 보고 / 사업 수행 결과 보고 / 재정 보고
- 수혜자의 행복 증진이라는 순수한 기부 결과의 성취

수혜자
자립 역량강화

- 기부 과정에 적극적으로 참여할 것
대리 기관의 수요조사에 적극적으로 참여할 것 / 대리 기관의 권고사항을 존중할 것 / 사업 진행 과정에서 대리 기관에게 피드백을 전할 것
- 기부 의도에 맞게 기부금 또는 기부물품을 활용할 것
- 자립을 통해 타인에 대한 인도주의적 실천을 이어갈 것

기부가 모두 착한 것만은 아님을 인식해야 함
인도주의적 시각을 함양해야 함
우월감을 갖지 않기 / 나보다 불쌍하다 생각하지 않기 / 나도 같을 수 있다는 공감과 동감에 기초하기 / 문명화의 사명을 거두기

■ 미주

1) 최경구, 김욱. 2003. "한국의 기부문화와 모금활동의 역사와 현황", 『사회복지 통권』 제159호. p.10.
2) 이용규. "국내외 기부문화 고찰에 관한 연구", 『2011년도 특임장관실 학술연구용역 보고서』. p.14.
3) 중앙일보. 2015.12.15. "[모금단체 회계통일③] 지난해 기부금 모금 순위는?" (http://news.joins.com/article/19247791).
4) 고경환. 2016. "사회복지분야 민간모금기관 간 모금의 격차 현황과 과제", 『보건복지 이슈 앤 포커스』 제315호. p.2.
5) 7개 단체는 월드비전, 굿네이버스, 한국컴패션, 월드쉐어, 세이브더칠드런, 플랜코리아, 기아대책이다. [ODA Watch] 제38차 월례토크자료집. p.33 참고.
6) 이희길 외. "국내나눔실태 2012-13", 『2014년 상반기 연구보고서』 제2권. 통계개발원. p.153.
7) 장후석. "나눔의 경제학", 『경제주평』 16(6). 현대경제연구원. p.7.
8) 장영식 외. 『나눔실태 2014』. 보건복지부·한국보건사회연구원.
9) 변광배. 2001. 『나눔은 어떻게 인간을 행복하게 하는가』. 프로네시스. p.49.
10) 러스 앨런 프린스, 캐런 마루 파일. 『기부자의 7가지 얼굴』. 나남. 2015. 원제는 *The Seven Faces of Philanthropy*. 이 책은 기부자의 기부목적을 파악하고 그에 따라 프로그램, 소통방식, 언어표현 등을 제시했다. 이 이외에도 특정 기부 목적이 전체에서 차지하는 비중을 측정한 것도 의미가 있다.
11) 철학자들의 논의에 대한 이후 내용은 변광배. 『나눔은 어떻게 인간을 행복하게 하는가』의 해당 부분을 요약 정리하였다.
12) 2013년 7월 메디피스는 우리나라 국민들의 기부 행위의 특성을 분석하기 위한 자료로 활용하고자 480명의 시민들에게 설문조사를 실시하였다.
13) 신영복. 『감옥으로부터의 사색』. 돌베개. 2010.
14) 노재은. 2015. "후원자 참여와 아동 참여를 둘러싼 딜레마: 개발 NGO의 일대일 아동 결연 프로그램", 『국제개발협력연구』 7(1).
15) 메디피스와 옥스퍼드 대학교 웰컴연구소가 공동으로 개최한 인도주의 페스티발에서 Julian savulesc 가 강의한 내용을 토대로 재구성(Julian savulescu의 The need for ethical humanitarianism 강의 자료).
16) 오마이뉴스. 2016.08.21. "일부 한국인 '스펙쌓기' 봉사, 거절합니다". (http://www.ohmynews.com/NWS_Web/View/at_pg.aspx?CNTN_CD=A0002236347).
17) 480명의 설문 대상자 중에서 기부를 하고 있다고 응답한 대상자들에게 기부하고 있는 단체가 본래 목적과 다르게 기부금을 활용할 경우 기부를 중단할 것인지 조사한 결과, "중단을 고려하겠다"는 답변이 53.8%로 가장 큰 비중을 차지했고, "당장 중단하겠다"는 답변이 14.5%를 차지했다.

18) 480명의 설문 대상자 중에서 기부를 하고 있다고 응답한 대상자들에게 최근 1년 동안 기부하고 있는 단체의 홈페이지를 얼마나 방문했는지 조사한 결과, "방문하지 않았다"는 답변이 51.6%를 차지했고, 그 뒤를 이어 "2회 이상 5회 이하 방문했다"는 답변이 22.4%를 차지했다. 이 외에도 1회 방문했다는 답변이 11.0%를, 10회 이상 방문했다는 답변이 7.8%를, 6회 이상 10회 이하 방문했다는 답변이 7.3%를 차지했다.

19) 480명의 설문 대상자 중에서 기부를 하고 있다고 응답한 대상자들에게 기부금이 임대료, 직원의 월급, 사업관리비 등의 운영비에 어느 정도 활용되면 적당하다고 생각하는지 조사한 결과, "5% 이상 10% 미만"의 답변이 23.1%로 가장 큰 비중을 차지했고, "상관 없다(20.8%)", "5% 미만(16.7%)", "20% 이상 30% 미만(14.5%)"의 답변이 그 뒤를 이었다.

20) 장영식 외. 2014. 『나눔실태 2014』. 보건복지부·한국보건사회연구원. p. 136.

21) 조현범. 2002. 『문명과 야만: 타자의 시선으로 본 19세기 조선』. 책세상.

22) 이명근. 2010. 『NGO와 함께하는 선교』. 쿰란출판사. p. 217.

23) 메디피스와 옥스퍼드 대학교 웰컴연구소가 공동으로 개최한 인도주의 페스티발에서 Mark Harrison이 강의한 내용을 참고함(Mark Harrison의 medicine and humanitarian aid 강의 자료).

24) 필립 맥마이클, 조효제 옮김. 2013. 『거대한 역설』. 교양인. pp.64-65.

25) 메디피스와 옥스퍼드 대학교 웰컴연구소가 공동으로 개최한 인도주의 페스티발에서 Mark harrison과 Julian savulesc가 강의한 내용을 토대로 재구성(Mark Harrison의 Medical Aid to the Third World 강의 자료, Julian Savulescu의 Universal Ethics, Humanitarianism and Peace 강의 자료).

26) 이희길 외. "국내나눔실태 2013", 『2013년 하반기 연구보고서』. 제4권. 통계개발원. p.119.

27) 장후석. "나눔의 경제학", 『경제주평』 16(6). 현대경제연구원. p.3.

28) 한재광, 박수정. 2013. 『한국 개발 NGO의 국제개발협력 인식에 대한 연구』. 초록우산 어린이재단 아동복지연구소. p.39.

29) 480명의 설문 대상자 중에서 기부를 하고 있다고 응답한 대상자들에게 기관에 대한 신뢰 정도를 조사한 결과, "확신한다"는 답변이 31.3%를, "믿는 편이다"는 답변이 59.4%를 차지했다. 이에 반해 "믿지 않는 편이다"는 답변이 3.2%를 "안 믿는다"는 답변이 0.9%를 차지했다.

아르케의 책
"philanthropy and civil society"

- 『모금이 세상을 바꾼다』 모금 기법과 실천적 사례

"…저자의 오랜 경험과 열정을 바탕으로 기부자를 발굴하고 유지하는 전략만이 아니라, 예산과 계획의 수립에서부터 모금 아이디어, 구체적인 모금기법, 자원활동가 운영 원칙에 이르기까지 풀뿌리모금에 대한 모든 주제와 이슈를 다룬다…"

- 『필란트로피란 무엇인가?』 의미와 사명—'공익을 위한 자발적 행동'

"…'공익을 위한 자발적 행동'의 전통에 대해 아는 것은 필수적… 정부의 작동방식, 시장의 작동방식에 대한 이해와 함께 필란트로피라는 것이 우리 사회에 어떻게 작동하는지 이해해야만… 더 나아가 이들에 대한 상호 비교를 통해 그 차별성을 알아야…"

- 『빌게이츠의 기부가 세상을 바꿨을까?』 게이츠재단과 필란트로피의 대가

빌 게이츠는 기부금을 얼마나 효율적으로 사용하는가? 미국의 초중고등학교에 빌 게이츠가 쓴 수십억 달러가 교육 성과를 높이고 있는가? 국제 보건의료지원이 인류의 건강을 가장 위협하는 질병을 퇴치하는 데 쓰이고 있는가? 게이츠재단은 많은 사람이 더 저렴하게 의약품을 살 수 있도록 돕고 있는가? 혹시 인권보다 특허권에 더 우위를 두고 있는 것은 아닌가?